Die Berliner Currywurst

E 14,-

Petra Boden

Die Berliner Currywurst

Mit Fotografien von Leo Pompinon

berlin edition im
be.bra verlag

Mit freundlicher Unterstützung von **ERGO**

Bibliografische Information der Deutschen Nationalbibliothek
Die Deutsche Nationalbibliothek verzeichnet diese Publikation in der Deutschen Nationalbibliografie; detaillierte bibliografische Daten sind im Internet
über http://dnb.d-nb.de abrufbar.

© berlin edition im be.bra verlag GmbH
Berlin-Brandenburg, 2010
KulturBrauerei Haus 2
Schönhauser Allee 37, 10435 Berlin
post@bebraverlag.de
Lektorat: Marijke Topp, Berlin
Umschlag: ansichtssache, Berlin
Innengestaltung: Friedrich, Berlin
Schrift: Eurostile 9/12 pt
Druck und Bindung: Dami Editorial & Printing Services
ISBN 978-3-8148-0180-3

www.bebraverlag.de

Für Marc und Raoul

Vorwort

Die Berliner Currywurst ist Kult. Das wissen alle, hier Geborene, „Zu-jereiste" oder Touristen. Von Tageszeitungen, Hauptstadtmagazinen und Reiseführern, in Spielfilmen, Dokumentationen und Rockmusik wird sie als kulinarisches Wahrzeichen der Stadt gepriesen. Mit Testessen und Wettbewerben wird immer wieder nach der besten Currywurst Berlins gefahndet. Kaum jemandem kann verborgen geblieben sein, dass zwischen Berliner, Hamburger und im Ruhrgebiet ansässigen Verehrern der Currywurst sogar gelegentlich ein Streit darüber ausbricht, wo sie erfunden wurde. Eine ultimativ richtige Antwort auf diese Frage zu geben, ist jedoch nicht Anliegen meines Buches. Viel interessanter scheint mir die Frage, warum die Spezia-lität, die unter dem Namen „Berliner Currywurst" verzehrt wird, an jeder Imbissbude anders aussieht und auch anders schmeckt. Es gibt sie als Bockwurst, Dampfwurst, Brühwurst, Bratwurst; es gibt sie gebraten, gegrillt oder frittiert, sogar als gekochte Wurst. Sie hat einen Darm oder sie hat keinen. Gebraten wird sie in Schweine-schmalz oder in Öl. Serviert wird sie geschnitten, halbiert oder im Stück. Nicht zu reden von den Curry-Soßen, die aus der Wurst erst machen, was sie ist. Woher rührt diese Vielfalt, und welche Variante kann mit welchem Recht als das Original gelten?

Wie viele Currywurstbuden es derzeit in Berlin gibt, lässt sich nicht mit Bestimmtheit sagen. Dass Schätzungen zwischen zweihundert und sechshundert schwanken, hat wohl auch damit zu tun, dass Imbissbuden flüchtige Orte sind: plötzlich da und ebenso plötzlich wieder verschwunden. Allerdings gibt es in Berlin einige Currywurstbuden, die seit Jahrzehnten für Gaumenkitzel sorgen, die eine Geschichte haben und für Einheimische wie Gäste zu den Attraktionen der Stadt zählen. Geschichte ist Veränderung, und für Veränderungen gibt es Gründe. Nun liegen diese aber nicht offen zutage, zumal Konnopke's Imbiß im Prenzlauer Berg ebenso wie Bier's Kudamm 195 in Charlottenburg, Krasselt's Imbiss in Steglitz und Curry 36 in Kreuzberg von sich behaupten, am jeweils selben Ort seit eh und je die gleiche Currywurst zu verkaufen. Vorausgesetzt, das stimmt, muss die Frage also sein, auf welche Weise sie es geschafft haben, den Veränderungen um sie herum standzuhalten. Eine Frage führt nicht nur zu Antworten, sondern in der Regel auch zu neuen Fragen: Woher kommt die Wurst? Wie wird sie hergestellt und zubereitet? Wie und warum hat sie ihr einstiges Schmuddelimage abgestreift und findet sich heute sogar auf den Speisekarten von 5-Sterne-Restaurants? Kurzum: Welche Geschichten stecken hinter dem Kult?

Um dies herauszufinden, mischte ich mich über einige Monate hinweg in das Budenleben vor Konnopke's Imbiß, Curry 36, Bier's Kudamm 195 und Krasselt's Imbiss. Durch die Mitarbeit in einer Schicht bei Konnopke's und Curry 36 konnte ich aus erster Hand erfahren, wie es im Inneren einer Bude zugeht. Seither weiß ich genauer, was Wurstverkäufer alles beherrschen müssen. Der Perspektivenwechsel von draußen nach drinnen war in jeder Hinsicht überraschend, denn die Arbeit ist um einiges schwerer, als ich es mir vorstellen konnte. Wenn aber die Chemie im Team stimmt und die Kunden freundlich sind, macht sie sogar Spaß. Auch dies war eine überraschende Erfahrung.

In Interviews mit Budenbesitzern, Mitarbeitern, Stammkunden und Berliner Fleischern, in Gesprächen mit zufällig anwesenden

Currywurstessern über ihre Vorlieben und Ansichten, durch Re-
cherchen im Archiv der Berliner Fleischer-Innung und in Interviews
mit Verantwortlichen in Bezirken sowie beim Berliner Senat bin
ich auf faszinierende Details der Berliner Imbiss- und Alltagskultur
gestoßen, von denen zu erzählen mir immer verlockender erschien.
Besonders den Betreibern und Mitarbeitern dieser vier Currywurstbuden, die sich nicht nur viel Zeit für Gespräche genommen, sondern mir auch Fotos, Zeitungsausschnitte und Dokumente für meine
Hecherchen überlassen haben, gilt auch an dieser Stelle mein Dank.
Viele meiner weiteren Gesprächspartner werden im Buch genannt.
Auch ihnen sei hier gedankt. Stellvertretend für jene, deren Auskünf-
te die Geschichte ebenso tragen, die aber nicht alle namentlich er-
wähnt werden können, möchte ich mich bedanken bei der Senatorin
für Gesundheit, Umwelt und Verbraucherschutz Kathrin Lompscher,
dem Leiter des Amtes für Bauen und Verkehr im Bezirk Lichtenberg
Joachim Ehrendreich, dem früheren Baustadtrat von Wilmersdorf
Jörg Hermann sowie den Stammkunden Else Hajsock, Siegbert
Hein, Bertold Jentsch, Ulrich Brehmer und Werner Castorf.

 Der Aufbau des Buches, der einen Tag in sieben Mahl-
Zeiten aufteilt, um wechselnde Atmosphären einzufangen und alle
Facetten rund um die Currywurst zu beschreiben, ist angeregt von
der beeindruckenden Fernsehdokumentation „24h Berlin", weil
man in dieser Stadt rund um die Uhr Currywürste essen kann. Bald
aber stellten sich Zweifel ein, ob dieses Gerüst die unendlich vielen
Details, Geschichten und Anekdoten würde ordnen und tragen können. Und weil Dr. Robert Zagolla, Cheflektor vom be.bra verlag, eine
geniale Idee hatte, wie mein Konzept zu retten ist, möchte ich ihm
an dieser Stelle herzlich dafür danken, ebenso dafür, dass er von
Anfang an von meinem Vorhaben überzeugt war und das Projekt mit
großer Zuversicht begleitet hat. Marijke Topp hat das Manuskript

mit viel Feingefühl lektoriert und nur deshalb gestöhnt, weil sie ihren wachsenden Appetit auf Currywurst im Zaum halten musste. Auch ihr sage ich lieben Dank. Leo Pompinon hat mich maßgeblich bei der Bildrecherche und Bildredaktion unterstützt, hat kreuz und quer durch Berlin unterwegs Bildmaterial zusammengetragen und eine Vielzahl wunderbarer Fotos geschossen. Wir haben beide bedauert, dass einige der privat gemachten Schnappschüsse, die uns dabei in die Hände kamen und die wir sehr gern ins Buch aufgenommen hätten, sich nicht für den Druck bearbeiten ließen. Ich danke Leo Pompinon für seine Arbeit als Fotograf, Bildbearbeiter und -redakteur und für die gute Zusammenarbeit mit ihm.

Gegen Ende der Arbeit an diesem Buch häuften sich die Phasen, in denen die Currywurst mein Leben beherrschte. Bei den Versuchen, das Verhältnis wieder zu meinen Gunsten umzudrehen, sind mir wunderbare Zufälle zu Hilfe gekommen. So etwa ein Radio-Erlebnis beim Frühstück: Horst Evers las seine Geschichte vom „Geheimnis des Tanztheaters". Am selben Tag traf ich Helmut Wenzel, einen Stammkunden von Bier's Kudamm 195, zu einem Interview, der – wieder so ein Zufall – Horst Evers kennt und sofort die kürzeste Verbindung zu ihm herstellte. Danke! Und weil sowohl Horst Evers als auch der Rowohlt.Berlin Verlag ohne weiteres mit einer Vorveröffentlichung der Geschichte einverstanden waren, finden die Leser meines Buchs sie genau an der Stelle, an die sie gehört. Besten Dank an Horst Evers und den Rowohlt.Berlin Verlag.

Monatelang habe ich von nichts anderem geredet als von meinen Entdeckungen zur Geschichte der Berliner Currywurst. All jene hier zu nennen, die das geduldig und amüsiert über sich ergehen ließen, ist nicht möglich. Sie sind aber daran zu erkennen, dass ihnen, wie die sprichwörtlichen Frikadellen, jetzt Currywürste an den Ohren hängen. Ihnen allen mein herzlicher Dank. Eine von ihnen aber will ich namentlich nennen: Denn Marlen Führer hat alles, was ich geschrieben habe, sofort gelesen und kommentiert. Mit ihrer Neugier, ihrem Vergnügen und ihrer Kritik hat sie dem Buch auf den Weg zum Verlag verholfen. Dafür ein ganz großes Dankeschön. Meinen beiden Söhnen, die ich bei allem immer hinter mir wusste, widme ich das Buch.

Currywurst zum Frühstück

Im Licht des anbrechenden Tages verblasst die rote Leuchtreklame an den Fenstern der Tutti Bar. Der Wirt der Schoppenstube begleitet den letzten Gast hinaus. Das Scheppern des Gitters, mit dem sich die Tür hinter ihm schließt, hallt nach in der frühen Stille. Fröstelnd schlägt der Gast den Kragen hoch und radelt davon. Eine Bahn der Party-Tram M10 rumpelt über die Kreuzung, vorbei an einer Baustelle: Reste des übernächtigten Szenevolks auf dem Weg ins Bett. Kurz darauf donnert eine U-Bahn der Linie 2 über den Viadukt. Die ersten Autos rollen zügig ins Innere der Stadt. Frühmorgens, kurz vor halb fünf, Berlin, Ecke Schönhauser, dort, wo die Danziger Straße, die Kastanienallee, die Pappelallee und die Eberswalder Straße aufeinander treffen. Dicht an der Kreuzung, wie auf einer Insel unter der Hochbahn ruht ein imposanter Kubus aus gelblich glänzendem Metall. Seine Inschrift verheißt „Tradition mit Geschmack", seit „über achtzig Jahren" schon.

Minuten später hält ein blauer Seat Ibiza zwischen zwei Säulen der Unterführung gleich neben dem Kiosk. Vier Frauen schälen sich aus seinen Sitzen: die Frühschicht von Konnopke's. Waltraud Ziervogel, die Chefin, drückt auf einen Knopf. Leise surrend öffnen sich zwei Türen an der Rückseite der Bude. Wie an jedem Tag, außer sonn- und feiertags. Innen ist alles sauber, denn das Putzen ist Sache der Nachmittagsschicht vom Tag zuvor.

Martina Paulus, genannt „Pauline", schnappt sich einen Eimer und wischt draußen die Spuren der Nacht weg. Vom Essbrett an der Bude, von den Tischen und Bänken im Imbissgarten. Sitzkissen werden verteilt, Abfalleimer werden aufgestellt und mit Mülltüten ausgelegt. Ute Hufft, die Jüngste von den Vieren, hat unterdessen die Kunststoffplanen aus dem Keller unterm Kiosk nach oben geschleppt und hilft Pauline, sie um den Garten herum aufzuhängen. „Na, Mädels! Alles klar?" Werner ist gekommen und drückt

Liane und Thomas beim Säubern der Außenwände.

Waltraud den ersten der sechs Kästen mit warmen Schrippen in die Arme. „Klar is alles klar. Mach hinne jetz!" Während Waltraud und Pauline die Kästen unterbringen, schaltet Ute einen der beiden Bräter an. Langsam zergeht frisches Schweineschmalz auf der heißlaufenden Platte. In der Friteuse schmelzen unterdessen acht Kilo Pflanzenfett, die sie frisch eingefüllt hat. Die neuen Gerüche legen sich über den vom Vortag, der über Nacht geblieben ist.

Von draußen ist das Klappen der Autotüren eines Lieferwagens zu hören, und schon wummert es an der Tür. Die Kästen mit den Würsten vom Fleischer Gottschlich werden hereingeschoben. Regina Hunger, eben erst angekommen und gerade aus dem Mantel raus, greift den ersten und beginnt, die Würste zu zählen. Damit die vom Kuttern und Brühen noch warmen Würste nicht gequetscht werden, liegen sie locker in den Kästen, sonst würden sie beim Braten aufplatzen. Einige davon landen direkt auf der Ablage neben dem Bräter. Die anderen werden mit den vereinten Kräften zweier Frauen erstmal im Kühlschrank verstaut. Mit „Bitte", „Danke" und „Warte mal kurz" schieben sie sich vorbei an Monika Wendt. Die hat inzwischen mit dem Aufschneiden der Schrippen begonnen, die später im Fenster des Anbaus auf ihre Bestimmung warten werden. Immer schön mittig, damit sich später kein Kunde über ungleiche Hälften der belegten Frühstücksbrötchen beschwert. Die Hände, die jetzt noch frei sind, sorgen dafür, dass Teller mit Salaten und Bouletten und Garnitur ins Schaufenster neben der Wurstausgabe gelangen. Luftdicht mit Klarsichtfolie überspannt. Und dann werden Kartoffeln geschält. Zwei große Säcke, für die Filiale in Hellersdorf, die der Tochter der Chefin gehört; denn dort gibt es einen Mittagstisch. „Süß oder herzhaft?", ruft Monika in die Runde. Es ist höchste Zeit fürs Frühstück. Aus dem Anbau dringt frischer Kaffeeduft herüber. Die Chefin hat gebrüht für ihre Mädels. Keine erste Erschöpfung bitte, denn es ist kurz vor sechs, die Rollos zittern und wollen hoch. Die Zeit reicht gerade noch für flotte Sprüche übers Leben und all den anderen Quatsch, wenn's gut geht, auch noch für einen Schluck aus dem Pott und den ersten Biss ins Frühstücksbrötchen. Denn jetzt, ein paar Minuten vor sechs, geht die Bühne auf.

Was für ein Tag! Die Sonne scheint! Endlich Frühling nach diesem harten Winter, in dem den Frauen an der Wurstausgabe die Finger blau und hart froren und noch Stunden nach Feierabend kaum zu bewegen waren. „Da komm ick doch morjen glatt im Bikini!" „Und icke bauchfrei!" „Na, mit deiner Fijur würd ick det ooch anziehn." Das übermütige Gejohle und Gekicher schallt durch die geöffneten Fenster nach draußen. Der erste Gast steht da. Er grinst verlegen und bestellt eine Curry mit Pommes.

Zwanzig Minuten später taucht ein Pärchen auf, das offensichtlich allein der Hunger aus dem Bett getrieben hat. Zwei Curry mit Schrippe ordert der junge Mann, um das Gesicht sofort wieder im Haar seiner Freundin zu vergraben. Minuten vergehen, ehe sich ein neuer Gast einstellt. Weil der lange und ungewöhnlich harte Winter 2009/2010 für Unterbrechungen bei der Sanierung des Viadukts und beim Umbau der Kreuzung gesorgt hat, fehlen die Bauarbeiter, die seit Jahren zum Frühstück an die Bude kommen. Ute hat also reichlich Zeit, die Bestände zu prüfen und Bestellungen zu notieren. Im Bräter brutzeln erst wenige Würste, denn erfahrungsgemäß wird es noch so zwei, drei Stunden dauern, ehe sich die erste richtige Schlange bildet.

Lockstoff Currywurst oder Früher Vogel fängt den Wurm

Noch bis vor zwanzig Jahren ging's um diese Zeit hier ganz anders zu, besser gesagt: hoch her. Reguläre Öffnungszeit war eigentlich erst ab sechs Uhr. Weil der Kiosk aber keine Jalousien hatte, flatterten die letzten Nachtschwärmer wie auf Knopfdruck herbei, sobald um halb fünf das Licht anging und man dem geschäftigen Treiben von Waltraud Ziervogel und den Frauen ihrer Schicht von allen Seiten zusehen konnte.

Seit sie diesen Imbiss übernommen hat, ist er zu einem Treffpunkt geworden, dessen magnetische Anziehungskraft bald weit über den Prenzlauer Berg hinausreichte. Für die meisten derer, die sich dort an der Schwelle zwischen Nacht und Tag einfanden, war sie die Walli, die Traudel, das Traudchen – schon mit vierzig Jahren so eine Art Mutter vom Kiez. Max Konnopke hatte beizeiten dafür gesorgt, dass seine beiden Kinder, Tochter Waltraud und Sohn Günter, Berufe erlernten, mit denen sie sein einträgliches Geschäft würden weiterführen können. Günter Konnopke wurde Fleischer. Waltraud Konnopke, die Ältere der beiden, lernte Bäckerei-verkäuferin. Als sie aber nach Abschluss ihrer Lehre ans Geld verdienen dachte, durchkreuzte Vater Max ihre Pläne. Zwei Jahre Handelsschule musste sie noch hinter sich bringen; keine Widerrede. Und dann besorgte er ihr eine Gewerbegenehmigung. Der Zufall wollte, dass ein Ehepaar, das bis 1958 auf dem Wochenmarkt in der Prenzlauer Allee Würste verkauft hatte, gerade ans Aufhoren dachte.

Wenn überhaupt, dann waren neue Genehmigungen nur zu bekommen, wenn ein anderer seine alte abgab. Max Konnopke griff sofort zu, und schon war Tochter Waltraud mit zweiundzwanzig

Waltraud und Kurt Ziervogel, um 1960.

Jahren selbstständig. Kurt Ziervogel, mit dem sie frisch verheiratet war, hängte seinen Beruf als Rohrleger an den Nagel und wurde mithelfendes Familienmitglied. Zusammen mit Mutter Charlotte verkaufte Waltraud von nun an Würste auf den Wochenmärkten in der Prenzlauer Allee und in der Wichertstraße, arbeitete an den Tagen dazwischen in den beiden Imbissen des Vaters in der Schönhauser Allee und in der Mahlerstraße in Weißensee mit und auch auf dem alljährlichen Weihnachtsmarkt am Lustgarten. Sie hatte ihr Handwerk also von der Pike auf gelernt, als Max Konnopke 1974 schwer erkrankte. Ab jetzt machte sie ihm auch noch die Bücher.

Sie war also bestens darauf vorbereitet, selbst einen Imbiss zu betreiben, als Max Konnopke die beiden Buden an seine Kinder übergeben wollte. Waltraud Ziervogel entschied sich für die in der Schönhauser Allee. Zwanzig Angestellte in Weißensee waren ihr zu viel; außerdem lag ihr das Publikum dieses Beamtenviertels nicht besonders. Diese Bude ging an den Bruder. Im Prenzlauer Berg, wo man schnell beim Du war und man die Leute nicht mit Samthandschuhen anzufassen brauchte, fühlte sich Waltraud Ziervogel viel wohler. Seit 1976 steht am Imbiss in der Schönhauser Allee: Konnopke's Imbiß – Inh.: Waltraud Ziervogel. In dieser 1a-Lage wurde aus der Wurstbude im Handumdrehen eine Institution.

Nicht von ungefähr nannte man die Schönhauser Allee auch den „Boulevard des Nordens"; tags eine belebte Geschäftsstraße, des Nachts die Attraktion in Ostberlin, mit Kneipen, Bars, Restaurants und einem Tanzcafé. Und überall war's immer rappelvoll, Hochbetrieb bis in den frühen Morgen. Wer so lange durchgehalten hatte, war hungrig, denn überall war Küchenschluss ab 22 Uhr.

Von daher also kamen sie morgens um halb fünf: aus der Lotus Bar, der Bar Lolott, dem Venezia, der Tanzbar Café Nord. Oder aus der Schoppenstube, dem Haus 1 der Szenetreffs für Schwule, die vom Café Ecke Schönhauser, dem Burgfrieden in der Wichertstraße, dem Senefelder Eck oder den Altberliner Bierstuben auf einen Absacker dorthin weitergezogen waren. In der Schoppenstube reichte jeder der Barkeeper durchschnittlich alle 13,8 Sekunden ein Getränk über die Theke, wie der Leiter dieser HO-Gaststätte damals in einer besinnlichen Stunde statistisch ermittelt hatte. Da musste man sich schon was einfallen lassen, wenn die Uhr auf fünf zuging und die aufgekratzten Geister allmählich zum Gehen ermuntert werden sollten. Aber der Spruch: „So, hier ist jetzt Feierabend. Bei Waltraud ist schon weiß eingedeckt. Geht mal rüber, da geht's weiter" zog immer, standen da doch längst die ersten vorm hell erleuchteten Fenster.

Und es wurden immer mehr, denn schnell hatte sich herumgesprochen, dass Waltraud Ziervogel täglich ein bisschen früher aufmachte. Es dauerte nicht lang, bis der oder die Erste aus der an die hundertfünfzig Seelen zählenden Schlange bereits um halb fünf eine dampfende Currywurst durchs Fenster gereicht bekam. Damals noch auf einem richtigen Teller. Dazu oft eine heiße Brühe, damals noch aus einer Tasse mit zwei Henkeln. Wenn Wolfhard Zehe die Schoppenstube abschloss und noch auf einen Sprung zu Konnopke's rüberging, traf er auf eine bunt gemischte Menge in höchst ausgelassener Stimmung. Unter ihnen auch Kollegen, die wie er jetzt Feierabend hatten. Arbeiter, die auf dem Weg zur Schicht schon mal eine U-Bahn früher genommen hatten, um den Tag mit einem Frühstück aus Currywurst und Party zu eröffnen, hatten sich auch schon eingefunden. Für manche der Hungrigen war's schon das zweite, etwa für die vielen Bäcker und Fleischer in der Gegend, deren Tag schon um drei Uhr morgens begonnen hatte. Nicht zu reden von den vielen Handwerkern, die auf den umliegenden Hinterhöfen seit Jahrzehnten ihren Gewerken nachgingen. Um 1900 ein Zeichen dafür, dass Berlin endlich eine Metropole, weil in der industriellen Moderne angekommen war. Selbst Vieh wurde gehalten. Zehn Minuten Fußweg entfernt, im Geviert zwischen Choriner-, Schwedter-, Templiner- und Zionskirchstraße gab es noch bis weit in die sechziger Jahre einen Kuhstall. Sobald die Knechte die erste Ladung Küchenabfälle verfüttert hatten, hieß es auch für sie: Auf zu Konnopke's, Zeit für 'ne Currywurst. Im besten Fall mit Musik, denn dass dort jemand ein Kofferradio dabei hatte, kam öfter vor. Dann wurde getanzt. Wen sollte das groß stören? Etwa die Anwohner, die sowieso nach hinten raus schliefen, um vorm Rumpeln der U-Bahn und dem morgendlichen Lieferverkehrslärm geschützt zu sein? Irgendwann allerdings hat's die Polizei gestört. Der Vorgesetzte jener, die morgens vor Dienstantritt mit in der Schlange standen – vom Revier am Senefelder Platz –, schickte Waltraud Ziervogel eines Tages eine Vorladung. Der Schreck war schneller vergessen als befürchtet: Sie zahlte zwanzig Mark und erhielt damit die Genehmigung, fortan ganz offiziell die Polizeistunde zu verkürzen.

Sich mit dieser Behörde lieber nicht anzulegen, war ihr ausgesprochen wichtig. Also sorgte sie selbst für Ordnung. Etwa, indem sie verlangte, dass man die Kofferheule jetzt mal ein bisschen leiser drehen solle. Oder wenn sie schon von weitem sah, dass Abgetanzte aus dem Café Nord, die sich der Bude näherten, auf Krawall aus waren. „Jungs, det jibt Ärjer. Macht lieber, det ihr fort kommt." Denn auf die Schwulen hatten die es meist zuerst abgesehen. Schade um die nicht verkauften Currywürste. Aber ihr lag es mehr, einen von ihnen über seinen Liebeskummer hinwegzutrösten, als ihn in ihrer Bude zwischen Kisten und Kästen verarzten zu müssen, wenn sie beim Braten der Würste mal übersehen hatte, dass sich was anbahnte.

Die aus der „Schoppe" jedenfalls hörten auf ihren Rat und verschwanden. Wenn die Radaubrüder dann Anstalten machten, sich mit anderen Gästen zu prügeln, ging die zierliche Waltraud Ziervogel dazwischen. Sie hatte gelernt, sich Respekt zu verschaffen. Ihr etwas zu tun, hat sich keiner getraut. Ein ganz Aufgeregter ließ sich sogar mal von ihr in die Bude schieben, wo er auf einen Pappkarton mit Ketchupflaschen gesetzt wurde, um sich wieder zu beruhigen. Schwieriger war es mit der jungen Frau, die immer Westgeld bei sich hatte und um jeden Preis zocken wollte. Ehe man sich's versah, hatte sie sich eine Schrippenkiste geschnappt und die Karten draufgeknallt. Immerzu musste die Chefin dann raus und ihr die Karten abnehmen. Spielen um Geld in der Öffentlichkeit war selbst mit Mark der DDR verboten. Hier war ausdauernde Geduld gefragt, denn die Zockerin hatte meist mehr als einen Satz Karten in der Tasche. Weniger um die Geduld der Chefin als um die der Leute in der Schlange ging es, wenn eine der Kellnerinnen aus der nahegelegenen Schildkröte auftauchte. Immer angetrunken und immer auf Zoff aus. Bis sie eines Tages an die Richtigen geriet: Müllcontainerdeckel auf, Kellnerin rein, Deckel zu und Ruhe war. Ingrid Dietrich und Waltraud Ziervogel beobachteten schmunzelnd von der Pfanne aus, wie sie aus der Tonne krabbelte und von dannen schlich, begleitet vom schallenden Gelächter der Umstehenden.

Wenn die Stimmung so hoch schlug, kam mancher, der eigentlich auf dem Weg zur Schicht war, ganz leicht von diesem ab und folgte jenen, die noch immer nicht genug hatten, in die nächste Kneipe. Die Currywurst zum Frühstück; die Ausschweifung und die Abweichung als Sättigungsbeilage. Fortsetzung zum Beispiel in der Trümmerkutte, Kastanienallee/Ecke Oderbergerstraße, wo der Fußboden sicherheitshalber mit Sägespänen bedeckt war. Viel hatten sie ja nicht zu befürchten, war doch jeder Arbeitsplatz in der DDR im

**Kurt, Mario und
Waltraud Ziervogel
mit dem Gastro Award
2010.**

Durchschnitt vierfach ausgelastet. Sich in der Kneipe den Rest zu geben, fanden sie verlockender als die Aussicht, im Betrieb Däumchen zu drehen. In der Kneipe traf man ja auch immer auf Bekannte. Gelegentlich, vor allem nach den Zahltagen, hockten welche drin, die eigentlich gerade bei Konnopke's zur Schicht eingetragen waren, sich dort aber erst wieder blicken ließen, wenn der Lohn verflüssigt war. Wenn schon nicht arbeiten, dann wenigstens beim stadtbekannten Konnopke's, vielleicht um etwas vom Ruhm der Bude zu erhaschen. Diese Anstellungen waren meist von kurzer Dauer. Man traf aber auch auf Leute wie den beliebten Volksschauspieler Rolf Ludwig. Wen interessiert, was der in der Trümmerkutte und in anderen Kneipen im Kiez um Konnopke's so erlebte, lese in dessen Erinnerungen „Nüchtern betrachtet und immer geliebt".

Unter den Gewächsen der Nacht waren auch solche, die sich bei Tag lieber nicht in der Öffentlichkeit blicken ließen. Der

Waltraud Ziervogel im Anbau von Konnopke's.

Prenzlauer Berg mit seinen sich unter ganzen Straßenzügen ver-
zweigenden Kellergängen bot manchem von der Polizei Gesuchten
ein ideales Versteck. Vielleicht auch dem, der der gefürchteten Kla-
dow-Bande angehörte, und der immer, wenn er auf freiem Fuß war,
vorbeikam. Sei es auch nur, um Walli zu fragen, wie er ein Formular
auszufüllen hatte.

Wenn gegen neun oder zehn der erste Ansturm vorbei
war, blieb endlich mal Zeit für eine Zigarette und einen Schwatz
über dies und das. In den letzten Jahren vor der Wende stand er
regelmäßig vorm Fenster des Anbaus, aus dem heraus Waltraud
Ziervogel seit 1987 das verkauft, was man an Kiosken so bekommt. Ein Ausländer, ein „netter Typ", wie sie fand, der oft ihren
Rat suchte und auch erhielt. Eines Tages bestand er darauf, ihr eine
von seinen Zigaretten anzubieten. Als kleines Dankeschön. Sie machte ihm die Freude und folgte ihm in den Imbissgarten. Er hielt ihr
seine Schachtel hin. Aber genau in dem Moment, als sie neugierig
nach einer dieser merkwürdig tütenförmigen Selbstgedrehten griff,
legte sich ihr von hinten schwer eine Hand auf den Arm: „Aber Frau
Ziervogel, so nicht!" Sie kannte das Gesicht. Und schlagartig wurde
ihr klar, dass der, der sich regelmäßig an ihrer Bude herumdrückte,
von der Stasi sein musste. Womöglich einer von denen, die nachts
unterm Magistratsschirm mal wieder einige „eingesammelt" hatten,
wie Kunden ihr gelegentlich erzählten.

Durch die Tür, an der sich außen nur eine Klinke befand,
kamen zuweilen ungebetene Gäste herein. Wie an jenem Morgen,
als Waltraud Ziervogel wie gewöhnlich die Bestellungen für Wurst,
Schrippen und Kleingeld notierte. „Na Traudchen, wat schreibst'n
da?" „Ick mach hier meine Bestellungen. Haste wat dajejen?" „Nö,
is schon jut", und damit verzog er sich wieder, der Polizist von der
Wache nebenan, den sie morgens öfter als Kunden hatte, dann
allerdings noch in Zivil.

Über solche Dinge wurde jedoch wenig gesprochen, nicht
vor der Bude, und erst recht nicht drinnen. Wenn sie heute sagt,
dass sie immer „mit dem Rücken an der Wand" geblieben sei, und

wohl eher meint: „mit beiden Beinen auf dem Boden", dann scheinen solche Erinnerungen hinter dem Versprecher zu stecken.

Waltraud Ziervogel kann es bis heute nicht ausstehen, wenn die Kollegen während der Arbeitszeit 'rumstehen und quatschen, da wird sie fuchsig. So hat es einst ihr Vater gehalten und auch ihr Mann Kurt, der bis 2006 mit im Geschäft war und die Nachmittagsschicht unter sich hatte. Was draußen vorm Fenster schon am frühen Morgen Thema und eine andere Sache war, ging vom letzten Wurf des Hundes bis hin zu heißen Tipps, wo's Farbfernseher gab und wie viel man dem Verkäufer zustecken sollte, um einen davon abzukriegen. Wenn Waltraud Ziervogel allerdings hörte, dass jemand einen Telefonanschluss ergattert hatte, ging ihr der Hut hoch. Seit Jahren schon stellte sie Antrag um Antrag, Sohn Mario schrieb Eingabe über Eingabe, was der Sache nach eine öffentliche Beschwerde war. Nichts. Bis zum Ende der DDR mussten

**Viola Ziervogel
wickelt Plastikbesteck
in Servietten.**

Bestellungen für den Stand entweder vom Münzfernsprecher an der Ecke aus geordert werden – aber der war ziemlich oft kaputt – oder man regelte das am besten gleich von zu Hause aus. Denn dort hatten die Konnopkes einen Telefonanschluss.

Auch wenn in der Nähe eine Wohnung zu haben war, weil wieder mal Arbeiter den Arbeiterbezirk in Richtung Marzahn verlassen hatten, glücklich, das Klo auf halber Treppe, die Waschgelegenheit in der Küche und die modrigen Mauern alter Mietskasernen endlich hinter sich lassen zu können, sprach sich das hier rum. Dafür zogen immer mehr Bauarbeiter von außerhalb in den Bezirk, um das Wohnungsbauprogramm der Partei- und Staatsführung in Beton zu gießen. Sie schwärmten dann bei Currywurst und Bier vor oder nach der Schicht von den riesigen Wohnungen im Prenzlauer Berg, die heiß begehrt, aber für Wohnungssuchende unerreichbar waren. Geschäftstüchtige Witwen vermieten ihre vier, fünf, sechs, sieben Zimmer lieber an diese Monteure, die gut dafür zahlten. Hier wurde über alles gesprochen, was die Leute im täglichen Leben wirklich interessierte und nicht in der Zeitung stand. Eine eigene Öffentlichkeit mit Realitätsbezug. Zu hören war auch von Wohnungen, die im Zuge der letzten Ausreisewelle leer geworden waren. Wer in den Prenzlauer Berg wollte, und davon gab es jetzt immer mehr, spitzte vor der Bude die Ohren und versuchte, sich eine solche Wohnung zu verschaffen. Mehr als einmal kam es jedoch vor, dass die Mieter nur im Urlaub gewesen waren.

In den frühen Achtzigern veränderte sich die Population im traditionsreichen Arbeiterbezirk spürbar. Unter den Kunden von Konnopke's ging der Anteil der Industriearbeiter zurück. Junge Leute rückten nach – Studenten, Künstler, Lebenskünstler –, die sich bewusst für ein Leben in provisorischen Verhältnissen entschieden hatten, um was Alternatives, Subversives daraus zu machen. In der Oderberger Straße zum Beispiel, einen Steinwurf von Konnopke's entfernt, hatte sich eine Szene aus Künstlern und Intellektuellen angesiedelt, die regelmäßig bei Konnopke's an der Bude standen. Unter ihnen der Fotograf Jimmy Schütz, bekannt durch seine Aufnahme, auf der er – Schnauzbartträger – sich in das Relief von

Marx, Engels und Lenin eingereiht hatte. Unter ihnen auch die Bürgerrechtlerin Freya Klier. Auch der Grafiker Frank Leuchte gehörte dazu; ein melancholischer Philosoph, der unter anderem Cover für die Krimireihe „Blaulicht" zeichnete und für die Zeitschrift „Das Magazin", für die er auch kurze Texte schrieb. Er starb 1992, im Alter von nur fünfzig Jahren. Nachhaltig bis heute ist eine Initiative von 1982, die auf die Kinderbuchillustratorin Gisela Neumann und ihren Ehemann Eberhard zurückgeht, der Trickfilme fürs Sandmännchen produzierte. Sie wollten für ihre und die Kinder der Nachbarn eine Möglichkeit zum Spielen schaffen und hatten die Idee, den Hirschhof anzulegen. Seit 1985 gibt es diesen großzügigen Park hinter der Oderberger Straße 15. Ein Hirsch aus rostigem Stahl, gebaut von Hans Scheib, Anatol Erdmann und Stefan Reichmann war der Namensgeber. Für die legendären Hoffeste mit Musik und Theater – und Observation durch die Staatssicherheit – wurden auch Currywürste von Konnopke's eingekauft.

Sekt für alle nach der Verleihung des Gastro Awards.

Diese Szene hat sich nach 1990 in alle Winde zerstreut.
Auch die Gewerke auf den Hinterhöfen haben eins nach dem ande-
ren aufgeben müssen. Geschäfte schlossen und auch viele der Bars,
Kneipen und Cafés. Es wurde bedrohlich still um die Ostberliner
Currywurst. Selbst Stammkunden waren neugierig, wie sie wohl in
Westberlin schmecken würde.

Schwiegertochter Viola hat um neun ihre Position an der Kasse
übernommen. Sie denkt schon längst nicht mehr daran, wie sie
nach dem Abschluss der Lehre als Fachverkäuferin für Fleisch- und
Wurstwaren schier im Boden versinken wollte, als sie das erste Mal
hinter einer Theke stand und sich von allen beobachtet fühlte. Ute
konzentriert sich jetzt auf Würste, Pommes und alles andere, was
heiß von draußen verlangt wird. Monika hat eigentlich Feierabend,
denn seit sie Rentnerin ist, kommt sie nur noch für vier Stunden
täglich. Heute bleibt sie aber länger, denn nachher wird Konnopke's
mit dem Gastro Award Deutschland 2010 ausgezeichnet werden.
Mit dem Landessieg im Oktober 2009 ließ die Bude vierhundert
Berliner Konkurrenten hinter sich. Für den neuen Sieg auf Bundes-
ebene wurden die Voten der Kunden von Sterneköchen geprüft.
Der Preis gilt auch Monika, die in ihren Dienstjahren seit 1981 dem
Imbiss mit zu seinem Ruhm verholfen hat. Bevor dann für etwa eine
Stunde die Jalousien wieder heruntergelassen werden, gehen aber
noch ein paar Würste raus. Ein Mann guckt hilflos auf die vier Pappen mit Currywürsten und Schrippen, derweil Frau und Kinder schon
im Imbissgarten sitzen. „Möchten Sie ein Tablett haben?", fragt Viola
freundlich. Erleichtert greift der Mann zu.

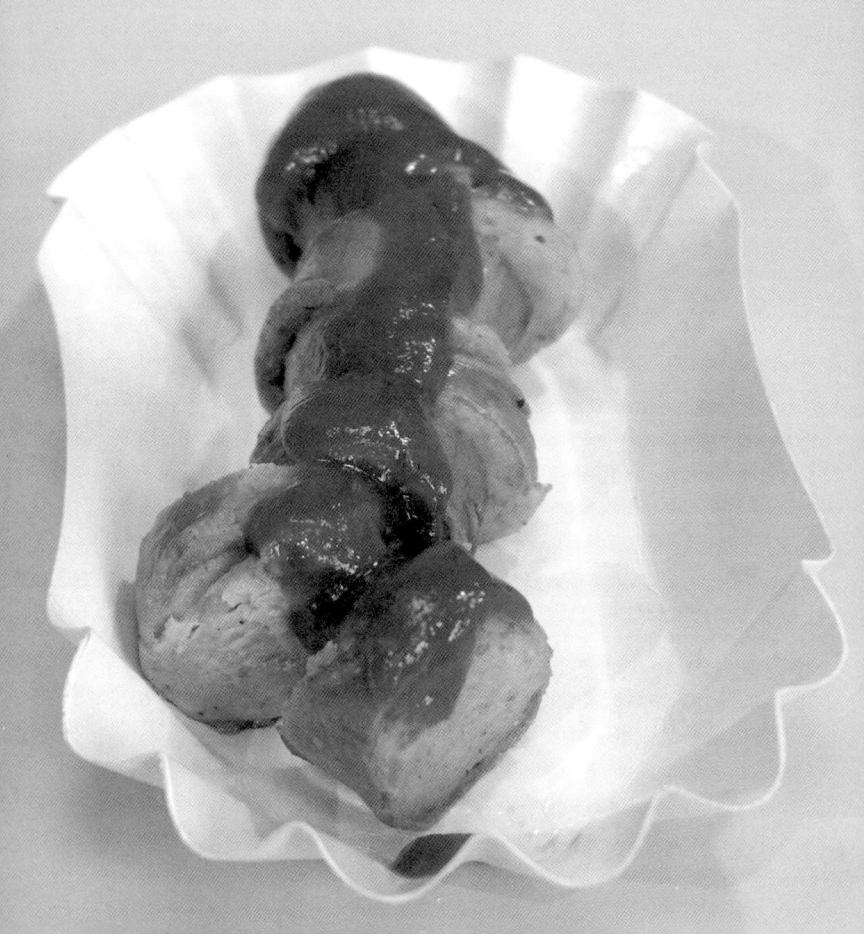

Und zwischendurch „det Orijinal"

Vor Krasselt's Imbiss stehen ein paar Männer, verzehren Currywürste, trinken Kaffee und plaudern miteinander. Danni Mechlinski
und Kai Nerbert, seit zehn und drei Jahren im Team, haben schon
um acht mit der Frühschicht begonnen. Ihr Weg zur Bude ist kurz.
Die beiden jungen Männer wohnen im Haus gegenüber und sind
eine WG, neuerdings mit der zehn Wochen alten Hündin Ayla, die
während der Schicht von einem Stammkunden versorgt wird.

Sie haben bereits die Fensterscheiben geputzt, die Friteusen gesäubert und die Müllsäcke, die die Spätschicht in der Nacht
immer nur zubindet, hinterm Haus im Container verstaut. Alles andere wurde wie gewöhnlich schon am Abend zuvor gereinigt. Auch
die Pfanne. Weil die Angestellten aber in rollender Schicht arbeiten,
hat jeder mal dieses unbeliebte Vergnügen. Denn für das Putzen
der Pfanne wird reiner Essig verwendet, der einen beißenden Dampf
entwickelt, sobald er auf die heiße Pfanne trifft. Zum Glück ist wenigstens der strenge Winter vorbei, in dem auch das Bodenwischen
keine so leichte Sache gewesen ist. Harald Köhring, der Chef, hatte
Monate zuvor einen neuen Fußboden verlegen lassen. Einen, der
ein bisschen federt, um den Mitarbeitern das Stehen und Gehen zu
erleichtern. Allerdings ist der aus Metall, was dazu führte, dass das

Wischwasser bei entsprechender Außentemperatur schlichtweg gefror.

Aus dem Lagerraum nebenan und dem hinterm Haus ist alles herangeschafft, was in der Bude gebraucht wird. Danni hat die Zwiebeln frisch geschnitten, die, mit Kräutern und Chilikörnern gewürzt, oft zur Currywurst bestellt werden. Der Ketchup steht warm im Wasserbad – im Winter macht man das auch mit den Kakaoflaschen –, der Kaffee ist fertig, und aus dem Kessel für Bock- und Wienerwürste dampft 's.

Gut eine Stunde vor Beginn der eigentlichen Öffnungszeit, um halb elf, ist schon alles bereit. Also wird aufgemacht. Das frische Erdnussöl in der Pfanne rechts neben dem Ausgabefenster wärmt sich auf für die bereitliegenden darmlosen Würste. In die Arbeitsplatte linker Hand sind zwei Friteusen eingelassen, in denen ebenfalls frisches Erdnussöl heiß wird. Eine für Pommes frites, die dort

Frühe Kunden bei Krasselt's.

entweder vorgebacken werden, um erst bei Bedarf ihren letzten Schliff zu kriegen, oder auf Wunsch in einem Gang frittiert werden. Dann dauert es eben einen Moment länger. In der zweiten Friteuse werden die Fleischspieße gegart, die so heißen, weil keine Leber dabei ist – sonst wären es Schaschliks. An Imbissen aber dürfen laut Lebensmittelgesetz keine Innereien verkauft werden. Gleich daneben liegen frische Brötchen unter einem Wärmer. Achtung, nicht dranstoßen, denn der ist richtig heiß, und hier drinnen ist's eng. Aber Danni, der gelernte Koch aus Bayern, und Kai, Fachkraft für Gastronomie aus Mecklenburg, haben ihre Choreografie fest im Griff. Und darauf kommt es bei nur sechs Quadratmetern Ladenfläche unbedingt an. Beide teilen sich den Raum. Dannis Platz ist vorn am Fenster. Er legt die Wurst auf die Pappe und steckt sie – das heißt, er steckt in beide Enden je ein Holzstäbchen –, um sie danach in der Mitte durchzuschneiden. Darauf kommen dann Currypulver, die hauseigene Soße und eine Spur Worcestersoße. Wer es extra scharf mag, hat die Wahl zwischen einer Zugabe aus zwei Sorten Chilikörnern oder einer der fünf „scharfen Sachen", die griffbereit

Ein Blick ins Innere der Bude: Friteuse und Brötchenwärmer.

auf dem Regal stehen. Vor allem ihre Kunden aus Thailand und Indonesien lieben es scharf. Danni sagt nicht ohne Stolz, dass er es war, der diese Soßen fürs Programm ausgesucht hat. Die schärfste ist die Mad Dog mit vier Millionen Scoville; Tabasco mit 1.000 bis 5.000 Scoville ist harmlos dagegen. Ein Aufpreis wird für keins dieser Extras verlangt, auch nicht für die Mad Dog, obwohl dieses kleine Fläschchen im Einkauf stolze 45 Euro kostet. Dann reicht Danni die Wurst nach hinten zu Kai, der für diesen Teil des Raums zuständig ist. Die Bearbeitung der Bestellung erfolgt ohne Worte, denn an den Wurstschalen klemmen bunte Spieße, die anzeigen, wie die Pommes zur Wurst gewünscht werden: grün für Ketchup, blau für Mayo, gelb für Salz, rot für Ketchup und Mayo. Nicht, dass die beiden nicht gern reden würden, nur versteht man nicht so gut, was einer dem anderen zuruft, wenn vorm Fenster der Verkehrslärm anschwillt. Obendrein wird da draußen immerzu gehupt. Warum, das erklärt Stammkunde Wolfgang N., der eben mit Kuchen für die Jungs und Appetit auf seine Curry angekommen ist. Er ist Verkehrspolizist. Einer von denen, die man früher, als sie den Verkehr noch auf Kreuzungen regelten, „weiße Mäuse" nannte. Weil sie heutzutage per Motorrad hinter Verkehrssündern her sind, haben die Berliner sie umgetauft in „Handgasaffen". Das Gehupe habe mit der Verschwenkung der Fahrbahn zu tun. Vor einer halben Ewigkeit wurde der zweispurige Steglitzer Damm zu einer einspurigen Verkehrsader verengt, um die Bürgersteige fußgängerfreundlich zu verbreitern und Parkplätze anzulegen. Im Ergebnis dieser eigentlich großartigen Idee wurde aus einer ehedem geradlinigen Verkehrsführung eine eigenwillig geschwungene, deren Verlauf weder eindeutig markiert, noch gut einsehbar ist. Wer hier entlangfährt und sich nicht auskennt, verliert schnell die Orientierung. Zögert, zaudert. Und schon hupt's hinter ihm. Wer aus der Nebenstraße gegenüber vom Imbiss auf den Damm fährt, sollte wissen, dass die Ampel links um die Ecke ihm selbst bei Rot das Weiterfahren erlaubt, denn der dicke weiße Streifen auf der Fahrbahn, der Halt gebietet, liegt rechts und damit jenseits der Kreuzung, die er passieren muss. Dieser Streifen gilt also nur für die Fahrer auf dem Damm. Aber wer weiß das schon?

Vielleicht jene, die bei Grün wütend hupen, wenn sich zwischen ihrem Haltestreifen und der Ampel ein kleiner, aber überflüssiger Stau gebildet hat?

Als der Umbau fertig war und der Platz vor Krasselt's nun schön breit, parkten Autofahrer schnell mal auf dem Bürgersteig, um den Weg zur Wurst abzukürzen. Das Tiefbauamt stellte deshalb ein Halteverbotsschild auf. Weil das nichts genutzt hat, kamen Poller dazu. Die blockieren seither zwar den Bürgersteig, aber das Halteverbotsschild verhindert auch weiterhin nicht, dass mancher sein Auto nun eben direkt am Fahrbahnrand abstellt und damit die geschwungene Spur blockiert. Was passiert dann? Richtig: Es wird gehupt. Mäp, Mäpmäp, Määääp. So geht's den lieben langen Tag, schlimmer als in Istanbul.

Unterdessen haben sich weitere Kunden eingefunden. Für einen, der zwei Currywürste mit Brötchen gerade vor sich hat, packt Danni noch vier zum Mitnehmen ein. Dafür gibt es hier Schalen aus Alufolie, damit unterwegs nichts durchweichen kann und die Würste warm bleiben. „Na? Noch was für harte Zeiten?", fragt die hinter ihm stehende Frau. „Nö", antwortet der lachend, „ich bin nur grad auf dem Weg zu meiner Mutter. Sie zwei, ich zwei. Dass ich hier schon zwei gegessen habe, muss sie ja nicht wissen."

Seit unvordenklichen Zeiten kommt Herr Adam jeden Vormittag zu „Krasselt's". Auch heute sitzt er in seinem Rollstuhl und frühstückt. Jeden Tag das Gleiche: erst eine Bockwurst, dann einen Fleischspieß. Auch sonntags. Den Kaffee dazu bekommt er, weil Harald Köhring das so angewiesen hat, immer gratis. Wie gut, dass er den Verkehrspolizisten Wolfgang heute hier trifft, denn er braucht dessen Rat in einem Nachbarschaftsstreit, bei dem Rechtswissen gefragt ist: „Det ick dir ooch ma wieder zu Jesicht krieje ...!" Das ganze Gesicht eine einzige Lachfalte.

Stammkunde Harry P. streckt den Kopf durchs Fenster und erkundigt sich nach dem Chef. Wo er schon mal da ist, könnte er das Wurstpaket für seine Kinder, die jetzt in Frankfurt am Main wohnen, am besten gleich persönlich bestellen. Zu bestimmten Anlässen – Weihnachten, Ostern, Geburtstag – ordert er ein solches Paket für seine Kinder, weil sie die Currywurst von Krasselt's von klein auf kennen und das Aufleben dieser Erinnerung jedes ihrer Familienfeste krönt. Wenn sie auf Berlinbesuch kommen, geht's sofort zu Krasselt's und erst dann zum Vater.

Bestellungen von außerhalb kommen meist von ehemaligen Stammkunden, die aus Berlin weggezogen sind. Die bearbeitet der Chef persönlich, indem er, oft mehrmals die Woche, morgens die Pakete schnürt. Die Currywürste dafür werden von der Fleischerei Maximilian, seit je der Lieferant, vakuumverpackt geliefert. Zum Set gehören auch der hauseigene Ketchup, die Holzstäbchen und – wenn gewünscht – eine Tüte mit Chilikörnern. Alles zusammen wird in einer Krasselt's-Geschenktüte verpackt und für den Versand fer-

Das Geschenk-Set von Krasselt's.

tiggemacht. Zur Post nebenan bringt Harald Köhring die Pakete immer selbst. Heute aber ist statt seiner die Junior-Chefin da. Annette Köhring, mit ihren fünfundzwanzig Jahren die Jüngste im Betrieb, macht nebenan im Lagerraum die Kasse, prüft die Bestände, notiert Bestellungen und nimmt die nach und nach eintreffenden Lieferungen entgegen. Seit drei Jahren schon bereitet sie sich darauf vor, später das Geschäft zu übernehmen. Eben ist Mehmet Göver von Maximilian eingetroffen, ein Fahrer der Firma, die damit für sich wirbt, dass sie seit 1949 „det Orijinal" herstellt. Täglich zwischen sechs und halb drei beliefert er zwanzig bis dreißig Imbissbuden. Einige von ihnen bekommen ihre Wurst ausschließlich von Maximilian und dürfen deshalb mit dem Logo der Firma werben. Andere sind Pächter und tragen ebenfalls dieses Logo. Wieder andere haben andere Lieferverträge und tragen eigene Namen. Mehmet legt täglich zwischen achtzig und hundert Kilometern quer durch Berlin zurück, und er ist nur einer von vier Fahrern. Jetzt braucht er erstmal einen Kaffee.

Inhaber von Krasselt's:
Harald Köhring, 2010.

Bisher hatten Danni und Kai noch die ein oder andere Minute Zeit, um sich ins Geplauder der Kunden vorm Fenster zu mischen. Da geht's auch kurz mal um Konnopke's, weil in der Zeitung gestanden hat, der Imbiss müsse umziehen. Dass Renate Konnopke Anfang der achtziger Jahre hier bei Krasselt's mal eine Currywurst probiert hat, weiß allerdings keiner. Sie hat sich damals nicht zu erkennen gegeben.

Jetzt aber geht's auf halb zwölf zu. Gleich werden die Lehrlinge von der benachbarten Malerschule kommen. So lang ist deren Pause nicht, also bereiten Danni und Kai schon mal vor, was gleich bestellt werden wird. Den nächsten großen Schwung bringen dann wenig später die Schulkinder. Die ersten in der Schlange haben die besten Chancen auf etwas, das es nur hier gibt. Schon der Vorbesitzer Herbert Krasselt hatte eingeführt, dass übrig gebliebene Brötchen nicht weggeworfen, sondern am nächsten Tag an Schulkinder

Renate Konnopke testet
die Curry von Krasselt's,
um 1980.

verschenkt werden. Mit einem Klecks Ketchup drauf. Er muss gewusst haben, dass der Geschmack des Ketchups sie für immer an das positive Erlebnis Schulschluss erinnern würde und dass aus den Schulkindern von heute spätere zahlungsfreudige Stammkunden werden können.

Wie den Wurstlieferanten hat Harald Köhring 1981 auch das Brötchenverschenken und vieles andere von Krasselt übernommen. Maximilian kannte er ja längst, war er doch jahrelang dort angestellt. Am Ketchup jedoch hat er kleine Nuancen verändert.

Der Teufel steckt – wie immer – im Detail

Wie eine Tatsache hängt es fest im öffentlichen Bewusstsein: Herta Heuwer ist die Erfinderin der Currywurst. Denn so steht's geschrieben auf einer Tafel. Und die hängt seit dem 30. Juni 2003 in Berlin-Charlottenburg, am Haus Kantstraße 101, wo einst Herta Heuwers Wurstbude stand. Sie gibt kund, dass exakt hier am 4. September

Gedenktafel für Herta Heuwer.

Hier befand sich der Imbiss-Stand,
in dem am 4. September 1949

HERTA HEUWER

30. Juni 1913 in Königsberg – 3. Juli 1999 in Berlin

die pikante Chillup®-Sauce
für die inzwischen weltweit bekannte Currywurst erfand.

Ihre Idee ist Tradition und ewiger Genuss!

1949 die aus Königsberg stammende Herta Heuwer „die pikante Chillup-Sauce für die inzwischen weltweit bekannte Currywurst erfand". Angebracht wurde sie am neunzigsten Geburtstag der zu Ehrenden, die am 3. Juli 1999 gestorben war. Beim Festakt zählte die „Berliner Morgenpost" achtzig Gäste, der „Berliner Kurier" dreihundert. So oder so: Wenn man bedenkt, dass der Verzehr von Currywürsten in jenem Jahr allein für Berlin auf siebzig Millionen Stück veranschlagt wurde, dann war der Andrang weder nach dieser noch nach jener Zählung wirklich groß. Gleichwohl, die Sache gilt.

Es ist jedoch ratsam, das Fass mit der Frage, ob die erste Currywurst der Welt in Berlin, in Hamburg oder im Ruhrgebiet gebraten wurde, gar nicht erst aufzumachen. Denn allein die Frage, für welche Wurst Herta Heuwer welche Soße erfunden hat, um zu verkaufen, was womöglich erst später und mit ständigem Bezug auf sie unter dem Namen Original Berliner Currywurst zum kulinarischen Wahrzeichen der Stadt erhoben wurde, gibt schon genug Rätsel auf.

Nach der Verkehrsauffassung der Berliner Fleischer-Innung und der mehrheitlichen Verzehrsauffassung von Berliner Currywurstessern besteht eine Berliner Currywurst aus einer Wurst und einer zwingend dazu gehörigen Soße. Das ist der Minimalkonsens. Und der unterscheidet sie zum Beispiel von einer Thüringer Bratwurst, die auch nach Zugabe von Senf, Ketchup oder Apfelmus so heißt. So weit, so gut. Aber ist damit schon alles klar? Wie steht es um die Sache mit dem Darm? Muss sie einen haben oder gerade nicht, wenn sie eine echte, eine Original Berliner Currywurst sein will?

Wie sie erzählte, hat Herta Heuwer Dampfwürste verwendet, also geräucherte Würste mit Darm. Wie aber kommt es, dass die Berliner Fleischer-Innung im Jahr 2007 davon ausgegangen ist, eine Berliner Currywurst sei in aller Regel eine weiße Wurst, und dass „vor allem im Ostteil Berlins [...] als ‚echte' Berliner Currywurst die ohne Darm verstanden" werde, so dass ein „Inverkehrbringen beider Wurstsorten unter der Begrifflichkeit ‚Berliner Currywurst' [...] ein deutliches Konfliktpotential" berge? Es scheint, die Berliner

Currywurst hat eine Geschichte, sogar eine Ost/West-Geschichte, deren Spuren zu verfolgen sich lohnen könnte.

Weil Imbissbuden in der Regel keine Firmenarchive anlegen, gibt es kaum Dokumente, anhand derer die Produktgeschichte und die Geschichte der Bude erkundet werden kann. Man bleibt vor allem auf Zeitzeugen und deren private Sammlungen angewiesen. Glücklichen Umständen ist es zu verdanken, dass unter ihnen auch Lieferanten wie Frank Friedrich, Elvira und Hermann Lemke sind, von denen Herta Heuwer ihre Wurst bezogen hat. Die schließlich sollten um den Anfang der Berliner Currywurst wissen. Was also hat es deren Erinnerungen nach mit ihr auf sich? Woher kam sie, und wie war sie beschaffen?

So viel scheint erwiesen: Fleischermeister Max Brückner hat sie aus dem Erzgebirge mitgebracht. Und zwar aus Johanngeorgenstadt, von wo aus er sich, streng im Geiste des Antikommunismus erzogen, 1948/49 eilends nach Westberlin aufgemacht hat.

Herta Heuwer an ihrem Imbiss in der Kantstraße 101, Juli 1966.

Obwohl er zu Hause ein sehr gut gehendes Geschäft betrieb, das
von den neuen politischen Verhältnissen profitierte. In Johanngeorgenstadt nämlich befand sich seit 1946 der erste Produktions-
betrieb der Wismut AG. Dieses Unternehmen in sowjetischem
Eigentum zwangsverpflichtete gleich zu Beginn Tausende und Aber-
tausende im Uranbergbau. Als hätte man damit deren Krebsrisiko
begrenzen können, wurden diese Arbeiter besonders gut mit
Fleischmarken versorgt. Woher aber die Hunger stillende Wurst
nehmen, wenn es doch keine Därme gab? Dies brachte Max Brückner auf die geniale Idee, ein Brät aus Schweinefleisch zu entwickeln,
das ohne Darm auskam und trotzdem eine Wurst ergab. Er reicher-
te das Brät mit Eiweiß an und füllte es in einen Schlauch, den er so
lange in heißem Wasser ließ, bis sich eine dünne Eigenhaut um die
Wurst bildete. Die musste dann nur noch aus dem Schlauch in einen
Trog mit heißem Wasser gespritzt werden. Dem Befehl der sowjetischen Besatzer, diese Wurst in zwei Varianten herzustellen – eine
schlechtere für die Deutschen, eine bessere für die Besatzer –, hat
er sich heimlich widersetzt. Als sie herausfanden, dass er es genau
umgekehrt gemacht hatte, packte er seine Siebensachen und flüch-
tete. Zum Tode verurteilt wurde er in Abwesenheit.

In Westberlin angekommen, übernahm er einen in der
Spandauer Pichelsdorferstraße ansässigen ehemaligen Wehr-
machtsbetrieb, in dem bis zum Kriegsende Konserven für die
Wehrmacht hergestellt worden waren, und gründete dort die Firma
Maximilian. Herta Heuwer gehörte zu seinen ersten Kundinnen, die
zunächst seine Blut- und Leberwürste an ihrer Imbissbude verkaufte.
Unglaublich fett waren die, und damit genau das, wonach die blocka-
degeprüften Westberliner gierten. Die Hungerjahre waren ja auch
hier noch nicht vorbei. Die darmlose Wurst, die Max Brückner nur
kurze Zeit später an Herta Heuwer und an die Spandauer Imbisse
Picknick-Schulze und Jankowitz verkaufte, hieß „Spandauer ohne
Pelle" und war eine einfache grobe Bratwurst, also gut gewürzt. Unter Zugabe von Senf weckte sie vertraute Geschmackserinnerungen
an bessere Zeiten und machte vor allem satt. Breitbeinig vornüber

gebeugt stehend wurde sie verschlungen, um die Kleidung vor heraustriefendem Fett zu schützen.

Obwohl sich der Darmmarkt erst gegen Ende der 1950er Jahre wenigstens im Westen wieder normalisierte, konnte der umtriebige Max Brückner seine Kunden schon zu Beginn dieses Jahrzehnts mit dem versorgen, was seit Hunderten von Jahren im Rang eines deutschen Kulturguts stand: mit einer ordentlichen Bratwurst im Darm. Von Stund an verkaufte Herta Heuwer also zwei Sorten Bratwurst. Eine mit und eine ohne Darm. Die eine teurer, die andere billiger. Für die Wurst im Darm hatte Ehemann Kurt eigens ein Holzbrettchen mit in Reihe aufgestellten Klingen angefertigt. So war das Ritzen des Darms Sekundensache.

Wie Frank Friedrich sich erinnert, hat den Charlottenburgern Herta Heuwers Currywurst aber anfangs nicht so recht schmecken wollen. Das kann man sich gut vorstellen, denn eine nach traditionell erzgebirgischem Rezept gewürzte Bratwurst in Kombination mit einer Soße voller exotischer Gewürze wird wohl deren Mägen eher irritiert als beglückt haben. Und warum sollten die Hungrigen mit Geschmackserwartungen hadern, wenn es doch die vertraute Bratwurst mit Senf am selben Stand zu kaufen gab? Hier war also Abhilfe zu schaffen, Wurst und Soße mussten mit Bedacht aufeinander abgestimmt werden. Bleiben wir aber zunächst bei der Wurst.

Als Frank Friedrich 1953 von Johanngeorgenstadt nach Westberlin kam, war diese Versuchsreihe noch nicht abgeschlossen. Hierbei mitzuhelfen, gehörte fortan zu seinen Aufgaben. Als gelernter Tischler und auf bestem Weg zu einer Karriere als DDR-Spitzensportler im Skispringen, hatte er sich den Zudringlichkeiten des sowjetischen Geheimdienstes GPU entzogen. Dieser hatte sich nicht mit der Suche nach feindlichen Spionen im Uranbergwerk begnügt, sondern zeigte ein ebenso starkes Interesse am Heranziehen von Spionen für die eigenen Zwecke. Also hatte Frank Friedrich schweren Herzens seine Koffer gepackt, um in Westberlin einen neuen Anfang zu suchen. Max Brückner kannte er gut, hatte er doch seinerzeit den Sarg für dessen Vater gebaut; eine Maßanfertigung. Aus dem perfekten Tischler und aussichtsreichen Nationalsportler wurde ein Angestellter in Brückners Fleischwarenfabrik, bald in der Vertrauensstellung des Geschäftsführers und Teil des Freundeskreises um Max Brückner. Zu dem gehörten auch Herta und Kurt Heuwer. Man duzte einander und feierte Feste zusammen.

Aus traditionell starkem Innungsbewusstsein trafen sich die Berliner Fleischer einmal monatlich im Schöneberger Rathaus, um Rezepturen zu besprechen, sich gegenseitig zu beraten, individuelle Finessen und Vielfältigkeiten zu ersinnen. Industriell gefertigte Würzmischungen gab es noch nicht; was es an einzelnen Gewürzen überhaupt gab, musste unter Einsatz von Phantasie und feinen

Kurt Heuwer, Elvira und Hermann Lemke, Herta Heuwer.

Geschmacksnerven kombiniert werden. Es sei selbstverständlich gewesen, so Frank Friedrich, auch die Kunden zu beraten. Schließlich verkauften sie ja die hauseigenen Produkte. Wie alle anderen, wollte auch Herta Heuwer von ihrer Arbeit leben und gutes Geld verdienen. Was also sollte ihr nähergelegen haben, als die billigere darmlose Bratwurst so zu veredeln, dass die Kunden allmählich doch Geschmack an der Sache finden würden und ein paar Pfennige draufzulegen bereit wären? Maximilian kam es im eigenen Interesse natürlich darauf an, die Hoheit auf Seiten der Wurst zu sichern, deren Würze folglich so zu verändern, dass der Geschmack der Wurst von der Soße nur abgerundet, statt von ihr erschlagen werden würde.

Der Erfolg blieb nicht aus, die darmlose Wurst von Maximilian verkaufte sich bald wie geschnitten Brot, obwohl sie anfangs noch als Ganze auf die Pappe kam. Die Wurst im Darm zog nach. Konjunktur! Frank Friedrich führte, neben seiner Arbeit bei Maximilian, bald eigene Imbisse. Weil er die Wurst von dort bezog, konnte er den Schriftzug der Firma an seinen Buden anbringen und so das Geld für Werbung sparen. Nicht lang, da hatte allein er, neben der Bratpfanne in Steglitz, vier, fünf solcher Maximilian-Imbisse. Das Beispiel machte Schule; wie Pilze wuchsen sie aus dem Boden, diese Buden mit dem gelb-rot leuchtenden Schriftzug, deren erste es seit 1954 gab. Auch Harald Köhring, gelernter Fleischer aus Sachsen-Anhalt und seit 1960 bei Maximilian angestellt, lockte es nach der Schicht ins Budenleben. Um seine bescheidenen Einkünfte aufzubessern, half er anfangs in Frank Friedrichs Imbiss in der Steglitzer Drakestraße aus. Bald darauf aber hatte auch er eigene Buden; darunter sieben Maximilian-Imbisse.

Wie Westdeutschland wurde auch Westberlin von der Fresswelle der sechziger Jahre erfasst. Auf den noch immer zahlreichen Ruinengrundstücken siedelte sich Bude um Bude an. Westberlin wurde zur Halbstadt der Currywurst, mit lauter „urbanen Anarchisten", von denen Jon von Wetzlars gleichnamiges Buch handelt. Welcher Fleischer hätte sich da die Chance entgehen lassen wollen, Currywürste für diesen unaufhörlich wachsenden Markt herzustellen? Unter ihnen war auch die Fleischerei von Elvira und Hermann Lemke, von der sich Herta Heuwer ab 1962 beliefern ließ. Eine Verstimmung zwischen ihr und Vida Brückner, die miteinander befreundet waren, soll der Grund für Heuwers Wechsel gewesen sein. Dieser ist von den Kunden womöglich nicht bemerkt worden. Dagegen haben andere die Nase gerümpft: Berliner Fleischer nämlich. Denn Lemkes Geschäft mit der Currywurst lief so gut, dass er nicht nur selbst eine Bude aufmachte, sondern obendrein auf die Idee kam, die Currywurst und andere Imbissprodukte von der Straße in den Laden zu holen. Damals ein Sakrileg, heute Standard.

Wen wundert's, dass sich unter den geschäftigen Berliner Fleischern bald auch schwarze Schafe fanden? Regelrechte Currywurstfälscher! Wohl nicht ohne Grund hatte schon Bismarck eingeräumt, dass es mit der Wurst sei, wie mit der Politik: Man solle lieber nicht so genau wissen wollen, was da alles drin ist. Denn es kam und kommt wohl bis heute vor, dass – so heißt das in Fachkreisen – manch Fleischer seine Currywurst ganz schön „an die Grenze kuttert", also dem Brät beim Zerkleinern mehr Fett und Wasser

Elvira und Hermann
Lemke vor ihrem Laden,
1988.

zusetzt, als für eine Wurst mittlerer Qualität – die eine Currywurst haben soll – zulässig ist. Man erkennt das übrigens auch daran, dass es dann um die Wurst herum schäumt im heißen Fett. Über das Verhältnis zwischen Muskelfleisch und Kollagen (Bindegewebe und Sehnen) aber bestimmen seit Beginn der siebziger Jahre Richtlinien. Denn im Zuge einer Kontrolle wurde 1959 ein Berliner Fleischwarenhersteller dabei ertappt, wie er Currywürste in Konserven nach Westdeutschland und an Westberliner Kleinhändler verkaufte, die einen Anteil an Kollagen zwischen 31,0 und 39,3 Prozent enthielten. Was er verkaufte, war demnach nur von dritter bzw. „einfacher" Qualität. Wegen des „Inverkehrbringens eines verfälschten Lebensmittels ohne ausreichende Kenntlichmachung" wurde er am 26. April 1962 vom Amtsgericht zu einer Geldstrafe von 500 DM, ersatzweise zu fünfzig Tagen Gefängnis verurteilt. Seine Berufung wies das Landesgericht mit der Begründung ab, dass „ein Lebensmittel als verfälscht [gilt], wenn gegenüber der normalen stofflichen Zusammensetzung eine (nicht ganz geringfügige) mindernde Veränderung eingetreten ist, durch die das Lebensmittel einen seinem wahren Wesen nicht entsprechenden Schein erhält. Die Feststellung, daß die Curry-Wurst in ihrer Zusammensetzung wegen der Verarbeitung minderwertiger Grundstoffe erheblich von der Norm abwich, weist daher den Verstoß gegen § 4 Ziff. 2 LMG einwandfrei aus."

Es scheint aber weiterhin vorgekommen zu sein, dass Fleischer die Currywurst „fälschten", zumal diese, anders als die Bockwurst, noch nicht im Deutschen Lebensmittelbuch eingetragen war. Denn die Berliner Innung sah sich bald veranlasst, festzulegen, wie eine Berliner Currywurst zu beschaffen sein hat. Dieses Vorhaben erwies sich jedoch als schwierig, weil diese Wurst inzwischen in sehr unterschiedlichen Qualitäten auf dem Markt war und dort ausgesprochen regen Absatz fand: Als Bratwurst mit und ohne Darm, als Bockwurst, als Dampfwurst; als weiße Ware, als umgerötete

und, entsprechend ihrem Anteil an bindegewebsfreiem Fleischei-
weiß, sowohl in mittlerer als auch einfacher Qualität. Wie sollte das
auf einen Nenner zu bringen sein! Immerhin legte man fest, dass die
Currywurst eine weiße Wurst mittlerer Qualität sein solle, also mit
einem Kollagengehalt zwischen höchstens 6,5 und 8 Prozent.

Der Fleischer im Westberliner Wedding, bei dem Günter
Konnopke 1960 nach Abschluss seiner Lehre in Ostberlin zu arbeiten begann, hat vermutlich nur Currywürste produziert, die nicht
umgerötet, also nicht mit Nitritpökelsalz versetzt waren. Mag sein,
dass er sie mit und ohne Darm herstellte; das lässt sich nicht mehr
prüfen. Dass die Currywurst bei Konnopke's fortan jedoch als darmlose verkauft wurde, hatte in mehrfacher Weise mit der wirtschaftlichen Lage in der DDR zu tun. Aber schön der Reihe nach.

Zunächst ist daran zu erinnern, dass Berliner gern im
Westteil der Stadt arbeiteten, um ihr dort verdientes Geld zu einem
günstigen und vom Gesetz nicht gedeckten Kurs von 1:10 umzutau-
schen und für billige Güter im Ostteil auszugeben. Nirgends sonst
auf noch ungeteiltem deutschen Boden war wohl so preiswert zu
leben. Zumal Westberlin seit 1949 ein westdeutsches Subventions-
projekt war. Günter Konnopke wäre ein Idealist gewesen, hätte er
nicht nach Abschluss seiner Lehre in Ostberlin eine Stelle bei einem
Westberliner Fleischer gesucht. Und er fand wohl unter anderem
dort heraus, dass die Currywurst buchstäblich in aller Westberliner
Munde war. Gerade noch rechtzeitig, vorm Bau der Mauer, hat er
seinem Chef auf die Finger geguckt, um mit der Idee zur Rezeptur
im Kopf und Vater Max an der Seite nach Weißensee zu Fleischermeister Eggelsmann in der Langhansstraße zu eilen. Denn von dem
bezog Max Konnopke seit 1947 die Würste für seine zwei Buden
in Weißensee und im Prenzlauer Berg. Darmlose Bratwurst gab es
bereits, denn Därme waren in der DDR nach wie vor knapp. Es wird
also vor allem darum gegangen sein, eine spezielle Würzrezeptur
für das Brät zu entwickeln. Warum die Konnopkes nicht aus der
Bockwurst, die sie seit 1930 verkauften, eine Currywurst mit Darm

machten, wie es in Westberlin ja um diese Zeit schon gebräuchlich war, bleibt eine für alle Zeiten offene Frage. Max und Charlotte sind tot, und die damals erst zweiundzwanzigjährige Tochter Waltraud sagt: „Det war einfach so."

Darüber hinaus war es so – aber das war nicht einfach –, dass eine Bockwurst mit Senf nach Einführung der Preisbindung in der DDR 80 Pfennige kostete. Solange es die noch auf Marken gegeben hatte, also bis 1958, war der Preis ein anderer und der Gewinn, den Wurstverkäufer machen konnten, Existenz sichernd. Mit dem Wegfall der Marken und der Einführung fester Preise wurde das jedoch schwer, wenn nicht unmöglich. Die Gewinnspanne betrug statt 24 nur noch 8 Pfennige. Um den privaten Betrieben das Überleben in der volkseigenen Wirtschaft so schwer wie nur möglich zu machen, wurden die ihnen auferlegten Steuern so hoch angesetzt, dass davon Betroffene vom „Fleiß wegsteuern" sprachen. Viele gaben deshalb auf. Dass Konnopke's dagegen durchhielt, hat auch Neider auf den Plan gerufen. Immer wieder kursierten Gerüchte, dass sich wahlweise Vater Max oder Schwiegersohn Kurt mit Koffern voller

Konnopkes Imbiß in Weißensee, 1984.

Millionen in den Westen hätten absetzen wollen und an der Grenze erwischt worden wären. Den Frauen der Familie hat man so was seltsamerweise nicht zugetraut.

Nicht auszudenken jedenfalls, was hätte passieren können, wenn die Mauer nur ein Jahr früher gebaut worden wäre! Denn mit der Zugabe einer bis dahin in Berlin und der ganzen DDR unbekannten Currysoße auf die darmlose Nachkriegsbratwurst konnte Max Konnopke den Preis für seine Currywurst auf 90 Pfennig anheben – natürlich nur mit behördlicher Genehmigung des Amtes für Preise –, so dass der Familienbetrieb mitsamt seiner Currywurst die DDR mit ihren bis zum Schluss stabilen Bockwurstpreisen überlebte.

Als die erste Currywurst in Weißensee und im Prenzlauer Berg durchs Imbissfenster gereicht wurde, war sie wahrscheinlich den meisten Kunden nicht mehr fremd. Viele werden sie schon von ihren unerwünschten Besuchen in Westberlin gekannt haben. Vielleicht hat sich bei denen aber eine wohltuende Erinnerung an ihre erste dort verzehrte Currywurst eingestellt? Vielleicht sogar an die von Herta Heuwer?

Befremdet hat auch niemanden, dass die Wurst bald nicht mehr vom Fleischer Eggelsmann geliefert wurde, sondern vom VEB Fleischkombinat in der Falkenberger Straße. Die Qualität der Wurst hat dadurch keinen Schaden genommen. Das änderte sich erst 1987, als dieser Kombinatsteil verpflichtet wurde, ausschließlich für die Delikatessgeschäfte zu produzieren. Weil immer mehr Westgeld in Ostberlin zirkulierte, mit dem sich dessen glückliche Besitzer im Intershop versorgten, hatte man diese „Deli"-Läden erfunden, damit auch jene, die kein Westgeld besaßen, sich mal was Besonderes gönnen konnten.

Hochwertiges Fleisch wurde also fortan in der Falkenberger Straße verarbeitet, während in der Thaerstraße, einem anderen Teil des sich über fast 50 Hektar erstreckenden Kombinats, das Normalprogramm lief. Damit änderte sich für die Currywurst allerdings einiges, denn das bis dato darmlose Brät wurde in Kunstdärme gespritzt, die vor dem Braten wieder zu entfernen waren.

Därme sind in Deutschland deshalb ein knappes Gut, weil hier wie in keinem anderen Land der Welt so viel Wurst in so vielen Varianten hergestellt wird. Um den gesamten Bedarf zu decken, müssen Därme immer schon zusätzlich importiert werden. Günter Weiß, von 1963 bis 1990 Direktor des Berliner Fleischkombinats, weiß, dass die DDR diese Därme für teures Geld aus Westdeutschland bezog. Wenn Devisen knapp waren, dann kaufte man statt hochwertiger Natur- eben billige Kunstdärme. Vielleicht waren 1987 wieder mal nicht nur Devisen knapp, denn es muss ja einen Grund gehabt haben, dass die ehedem darmlose Currywurst plötzlich einen Darm nötig hatte – obendrein diesen billigen aus dünner Plastikfolie. Devisen also für schlechte Kunstdärme, die man dann auch noch wegschmeißen musste.

Auch die Maschine, mit der die Därme gefüllt wurden – ein amerikanisches Fabrikat namens Francamatic – kam aus Westdeutschland. Wenn sie kaputtging, mussten folglich auch die Ersatzteile dort eingekauft werden. Und das konnte dauern, bis zu zwei Wochen. Eines Tages kam ein Mitarbeiter des Kombinats auf die Idee, dass man diese Wartezeit auch abkürzen könnte. Der Waggon, in dem sich das fieberhaft erwartete Ersatzteil befand, war nämlich schon eingetroffen, allerdings noch nicht durch den Zoll gegangen. Also verschaffte er sich auf eigene Faust Zugang zu diesem Waggon und holte das Ersatzteil heraus. Damit konnte im Fleischkombinat ein erheblicher Produktionsausfall gerade noch abgewendet werden. Die Sache hatte aber trotzdem ein heftiges Nachspiel, denn der Zoll erstattete Anzeige wegen Veruntreuung von Volkseigentum. Die zuständigen Behörden traten auf den Plan. Mit viel Mühe und dem Argument, dass der Kollege schließlich im Interesse der Versorgung der Bevölkerung gehandelt habe, hat Günter Weiß dazu beitragen können, dass die Anzeige zu den Akten gelegt wurde.

Heldentaten dieser Art waren, weil ziemlich gefährlich, nicht an der Tagesordnung. Wenn also Ersatzteile wie üblich auf sich warten ließen, behalf man sich bei Konnopke's mit „Ersatzcurrywurst", also mit einer normalen Bratwurst im Schweinedarm, die sie sowieso verkauften. Vorübergehend. Ein anderes Problem war jedoch auf Dauer gestellt. Denn wer sollte die echten Currywürste schälen? Im Fleischkombinat gab es ohnehin immer viel zu wenige Arbeitskräfte, um die bilanzierte Menge an Wurst herzustellen. Nun aber musste sie auch noch geschält werden. Selbst als dafür Arbeiter aus Mosambik, der Mongolei und Polen eingestellt wurden, blieb's eng. Konnopke's wurde also vor die Wahl gestellt, die Würste entweder selbst zu schälen oder sich mit der Hälfte der Lieferung zu begnügen, weil von Werk ab geschält. Nicht nur, dass sie seit eh und je ihre Ware lieber selbst vom Kombinat abholten als darauf zu vertrauen, dass die Lieferung pünktlich eintraf. War der Lieferwagen wieder mal kaputt: Max Konnopke und Schwiegersohn Kurt Ziervogel hatten ja schließlich ihre Beziehungen. Aber nun auch noch das! Zum Glück war der Kiosk im selben Jahr um einen Anbau erweitert worden, weil der Platz in der Bude nicht mehr ausreichte. In diesem Anbau saßen nun morgens immer zwei Frauen, um die Würste zu schälen.

Die Bindung ans Fleischkombinat als Lieferant der Currywürste war im Zuge der wirtschaftlichen Veränderungen nach 1990 natürlich hinfällig. Neue Möglichkeiten gab es mehr als genug. Unter den Wettbewerbern waren die Fleischerei Gottschlich, die schon seit 1970 Bouletten, Knacker und Fleischspieße an Konnopke's lieferte, der Fleischer Dufft, zu dem es ebenfalls frühere Lieferbeziehungen gegeben hatte, und natürlich gingen auch Fleischer aus dem Westteil Berlins ins Rennen. Einer von ihnen lockte mit besonders schönen Hochglanzbroschüren und besonders günstigen Preisen. Für kurze Zeit erhielt er den Zuschlag, ehe Konnopke's lieber wieder auf vertraute Lieferanten wie Dufft und

Gottschlich setzte. Fleischer Dufft in der Oderberger Straße 51/52 hat den neuen, ungewohnt harten Wettbewerb jedoch nicht überstanden, trotz immenser Investitionen in die Ausstattung seines Ladengeschäfts. Vielleicht fiel er genau damit Leuten auf, die den Handel mit Tierprodukten kompromisslos zum Erliegen bringen wollten. Der „Berliner Zeitung" vom 20. August 1997 berichtete Hans-Joachim Dufft von erneuten Anschlägen auf sein Geschäft, von denen auch andere Fleischereien in der Umgebung nicht verschont geblieben waren. Weil an einem dieser Geschäfte die Aufschrift „Fleischer sind Mörder" gestanden hatte, vermutete er, dass „militante Veganer" hinter diesen Anschlägen steckten.

Die Fleischerei Gottschlich hingegen zählt jetzt zu den wenigen Familienunternehmen – von denen es in der DDR ohnehin nicht viele gab –, denen die Umstellung auf die neuen Marktbedingungen gelungen ist. Inzwischen ist sie ein Betrieb mit EU-Zertifikat und BIO-Siegel.

Aber auch Konnopke's stand unmittelbar nach der Maueröffnung vor existenziellen Problemen: Viele Kunden blieben weg; sie kauften im Westteil der Stadt ein und aßen ihre Currywurst an den Buden, die dort auf ihren Wegen lagen. Außerdem wurden jetzt Pommes zur Currywurst verlangt, und die gab's bei Konnopke's nicht. Also rüsteten sie den Kiosk 1990 innen vollständig um. Weil die neue Kochstrecke aber nur mit Starkstrom funktionierte, der erst elf Monate später angeschlossen werden konnte, standen die neuen Hochleistungsbräter erst einmal nutzlos in der Ecke. Aber auch danach ging es nur sehr zögerlich wieder aufwärts. Durchschlagende Wirkung hatte dann eine Einladung in Dieter Kronzuckers TV-Politmagazin „Quadriga". Eines schönen Dienstags kamen zwei seiner Mitarbeiter an die Bude und luden Konnopke's ins Hamburger Studio ein. So schnell wie möglich. Die Berufskleidung sollten sie nicht vergessen. Am Freitag darauf stand das Team prompt im Studio und briet Currywürste vor laufender Kamera. Die Feuerwehrleute waren an jenem Tag in absoluter Überzahl unter den im Studio Anwesenden. Danach liefen dann auch die Pfannen in der Bude wieder heiß. Waltraud Ziervogel schrieb einen Dankesbrief für diese nachhaltige Werbung und steht mit ihrer Bude seither genauso oft in den großen Reiseführern wie Curry 36 und Bier's Kudamm 195, dicht gefolgt von Krasselt's.

Die Berliner Currywurst wurde immer berühmter, bald galt sie als kulinarisches Wahrzeichen der wiedervereinigten Stadt. Verzehr, Umsatz und Gewinne stiegen. Auch für die zuliefernden Fleischer natürlich.

Da zeigte sich unversehens ein Problem am Horizont: Am 1. Januar 2006 traten die EU-Richtlinien für fleischgewinnende und fleischverarbeitende Betriebe in Kraft. Karenzzeit zur Umsetzung: drei Jahre. Die Frist galt für Fleischereien, die mehr als ein Drittel ihrer Produkte nicht am Herstellungsort verkauften und deren Kunden mehr als hundert Kilometer von dort entfernt ansässig waren. Als Kunde galt sowohl eine eigene Filiale als auch ein anderes, eigenständiges Unternehmen. Ein Betrieb wie Maximilian etwa, der neben Berliner Imbissen schon längst auch Kunden außerhalb Berlins belieferte und dessen Kerngeschäft die Herstellung von Wurst, weniger jedoch ihr Verkauf an Ort und Stelle war, stand vor der Wahl, sein Unternehmen entweder nach den Kriterien der EU-Verordnung aufzurüsten oder sein Geschäft auf ein kleineres Format zu reduzieren. Vor der gleichen Entscheidung standen auch die Lieferanten von Bier's Kudamm 195, Curry 36 und Konnopke's, also D&S, BKL Fleisch- & Wurstwaren GmbH und Gottschlich.

Um ein EU-Zertifikat zu erhalten, mussten Fleischereien bestimmte Anforderungen erfüllen, etwa mit Anlieferungsschleusen, Hygieneschleusen, getrennten Kühlanlagen für Schwein-, Rind- und Pökelware ausgestattet sein, und durch die Wegeführung fürs Personal garantieren, dass zum Beispiel eine Verkäuferin nicht durch den Produktionsbereich gehen muss, um an eine Kühlanlage heranzukommen. Nun zeigten aber diese EU-Regeln – wie es bei Regeln oft vorkommt, wenn sie umgesetzt werden sollen – vor allem eins: Gut gemeint, aber schlecht zu machen. Gut gemeint und begrüßenswert ist der Verbraucherschutz, schlecht aber macht sich so manche Vorschrift in der Praxis. Etwa wenn die Richtlinien vorsehen, dass Beschäftigte in Fleischereien beim Betreten und Verlassen der Produktionsräume ihre Schuhe reinigen müssen, und ein für die Zertifizierung zuständiger Veterinär entscheidet, dass dafür eine Stiefelputzmaschine angeschafft werden muss. Das muss er nicht so entscheiden, aber er kann. Eine Stiefelputzmaschine kostet im Schnitt 2.500 Euro, ist also eine nennenswerte Investition. Zwingend vorgeschrieben ist auch, dass die zu passierende Hygieneschleuse unumgehbar ist, damit keiner mogeln kann. Zum Vergleich stelle man sich so eine Schleuse vor wie den Zugang zur Pariser Metro, durch den nur gelangt, wer einen gültigen Fahrausweis in den Schlitz steckt. Dass eine Maschine kontrolliert, ob auch alles rein und sauber ist, mag ja beruhigen. Was aber, wenn ein Feuer im Herstellungsbereich ausbricht und ein dort gerade wurstmachender Fleischer sich vor der rettenden Flucht ins Freie zuvor maschinell die Stiefel putzen lassen muss? „Na, der stirbt in geputzten Stiefeln", so Klaus Gerlach, Obermeister der Berliner Fleischer-Innung.

Schluss mit bösen Späßen, die Sache ist ernst. Denn es gibt auch Regeln, die einen Sinn haben, deren Umsetzung die betreffenden Fleischereien jedoch zu enormen Investitionen zwangen. Wer sich die nicht leisten konnte, hatte Pech. Zahllose mittelständische Fleischereien – nicht nur in Berlin – haben seit Inkrafttreten dieser Richtlinien ihre Filialen schließen müssen. Nicht etwa, weil sie den zu Recht strengen hygienischen Vorgaben nicht entsprochen hätten, sondern weil das Kapital zur Umsetzung der Zertifizierungsvorschriften nicht zu beschaffen war.

Eine Pointe der besonderen Art: Fleischermeister Gerlach hatte das nötige Kapital und wollte sein Geschäft, das übrigens als einzige Fleischerei im Ostteil Berlins zum Verein für tiergerechte und umweltschonende Nutztierhaltung Neuland gehört, freiwillig zertifizieren lassen. Sein Antrag wurde jedoch abgelehnt mit der Begründung, dass er keine zertifizierungsrelevanten Filialen habe. Denn die zwei Wurstwagen, die er betreibt und mit mehr als dreißig Prozent der Currywürste aus hauseigener Herstellung beliefert, stehen nicht

weit genug von seinem Geschäft in der Greifswalderstraße entfernt.
Um sie zu beliefern, braucht er kein Zertifikat.

Unterm Strich ist dies eine Entwicklung, die den Markt
für große finanzstarke Ketten erweitert, der für sie ohnehin schon
groß genug ist, weil sie billiger produzieren können als mittelständische Fleischereibetriebe. Das heißt nicht, dass in solchen Ketten
hygienische Standards nicht eingehalten werden müssen – auch sie
werden ja von den Behörden kontrolliert. Bedenklich ist etwas anderes. Denn billiger produzieren kann man zum Beispiel, wenn man
erfahrenes Personal entlässt und entweder durch schlecht bezahlte
Mitarbeiter aus Zeit- und Leiharbeitsfirmen ersetzt oder durch Lang-
zeitarbeitslose, deren Beschäftigung vom Staat subventioniert wird.
Billiger produzieren kann man auch, wenn man die Wurstdärme
nicht vor Ort nach geltenden EU-Bestimmungen schleimt, sondern
sie nach der Entkotung in Länder außerhalb Europas schickt, wo sie
unter Voraussetzungen gereinigt werden, die zwar den Hygienebe-
stimmungen der EU gerecht werden, aber alles andere als ökologisch unbedenklich sind. Man kann aber auch vor Ort selbst sparen,

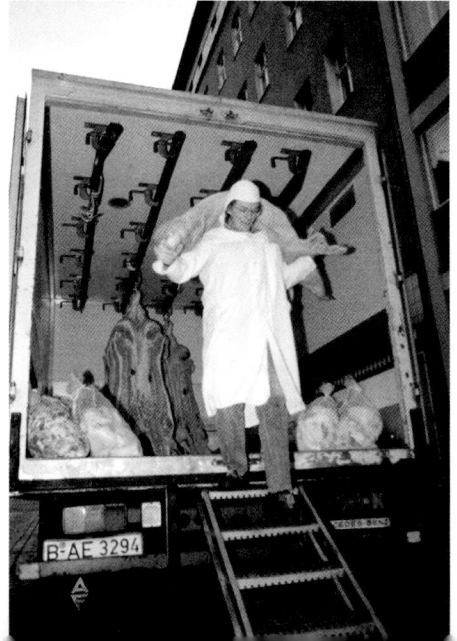

Lieferung für die
Fleischerei von Elvira
und Hermann Lemke,
1988.

indem man die Schweine, deren Schulterfleisch in die Currywurst kommt, nicht mehr so schlachtet, wie es im traditionellen – modernisierten – Handwerk üblich ist, dessen Grundsätze übrigens auch im Ostberliner Fleischkombinat galten, sondern im Akkord der Massenschlachtung.

Was in dem Bereich möglich ist, entzieht sich jedoch einer Kontrolle durch Berliner Behörden, weil in Berlin seit Schließung des Fleischkombinats (1991), des Schlachthofs auf dem Fleischgroßmarkt in der Beusselstraße und der Schlachterei in Reinickendorf (beide 1997) nicht mehr geschlachtet wird. Berliner Fleischer sind seither keine Schlachter mehr, sie sind Wurstmacher.

Wurstmacher machen Würste auch für Feste. In Berlin, dieser seit 1990 wieder zur Weltmetropole aufsteigenden Stadt, vergeht kaum ein Tag, an dem kein Event stattfindet oder ein Fest gefeiert wir. Ob internationale Messen der Mode-, Auto- oder Gesundheitsbranche, der Karneval der Kulturen oder ein Seifenkistenrennen in Neukölln – in dieser Stadt ist ständig irgendwo ein Platz gesperrt, weil irgendetwas stattfindet, was Besucher anzieht; je länger die Teilung zurückliegt, umso mehr. Und weil diese gelegentlich Hunger haben, immer aber Appetit, stehen auf solchen Plätzen auch Wurstbuden. An denen gibt es Bockwürste, Wienerwürste, Knacker, Thüringer Rostbratwürste und – natürlich – Berliner Currywürste. Die beiden letzten meist mit dem werbewirksamen Zusatz „Original" versehen. Bis zum Jahr 2003 war das ein ganz normaler Wettbewerb um die Gunst der Gaumen. Seit aber 2003 die Nürnberger Rostbratwurst als Marke europaweit geschützt wurde und die Thüringer Rostbratwurst im Jahr 2004 nachzog, darf auf der Speisekarte einer Bude die „Original Thüringer Rostbratwurst" nur dann stehen, wenn sie auch wirklich eine ist, also die schutzfähigen Kriterien der Marke erfüllt. Das heißt, sie muss nach einer bestimmten Rezeptur und nach einem bestimmten Verfahren hergestellt sein, und sie muss bestimmte äußere Merkmale aufweisen. Vor allem aber muss sie in Thüringen hergestellt worden sein. Sich in Thüringen auf eine feststehende Definition zu einigen, ist bei einer Wurst, die im Jahr 2004 ihren sechshundertsten Geburtstag feierte, vergleichsweise einfach gewesen.

Auch hier scheint es, als habe der Teufel nicht nur den Schnaps gemacht, denn damit ergeben sich eine Reihe von Problemen für Berliner Fleischer. Seither nämlich dürfen sie keine Original Thüringer Rostbratwurst mehr herstellen; bestenfalls Rostbratwurst nach Thüringer Art. Ihr Markt in Berlin ist also kleiner geworden, von anderen ganz zu schweigen.

Man ahnt es bereits: Die Richtlinien der EU haben auch Räume für die Berliner Currywurst eröffnet, in denen Wohl und Wehe nah beieinander liegen. Denn seit Juli 2007 bemüht sich der „Verein Interessengemeinschaft Berliner Traditionswurstwaren" um den Schutz der Marke „Berliner Currywurst". Er vertritt die Interessen der Firmen „mago" Kohn & Kempkes GmbH & Co.KG Wurst- und Fleischwaren, Richard Mischau Havelländische Fleischwaren GmbH & Co.KG und der Fleischer-Innung Berlin. Im ersten Schritt geht es um den Eintrag der Marke beim Deutschen Patentamt, im zweiten um ihren europaweiten Schutz. Angemerkt sei: Seit es das EU-Recht gibt, Agrarerzeugnisse und Lebensmittel europaweit vor Nachahmung zu schützen, seit 1992 also, sind mehr als siebzig deutsche Produkte bei der EU registriert worden, mehr als siebenhundertfünfzig aus einundzwanzig EU-Ländern. Das kann man gut finden oder auch nicht, es ist so.

Für den Schutz der Wortmarke „Berliner Currywurst" ist immerhin eine Reihe von Hindernissen zu überwinden. Aber auch hier: schön der Reihe nach.

Worum geht es bei diesem Markenschutz allgemein? Er soll – erstens – die Unverwechselbarkeit eines Produkts garantieren, damit sich die Kunden orientieren und in der Vielfalt unterscheiden können. Wer mag schon, wenn's überall den gleichen Käse gibt. Er soll – zweitens – vor kommerziellem Missbrauch schützen. Man blättere nur mal Berliner Zeitungen und Magazine durch, um zu erfahren, dass der Ruf der Berliner Currywurst bedroht ist von Buden, an denen Schmuddel verkauft wird. Das schon erwähnte Urteil gegen den Berliner Fleischer, der sich 1959 der Currywurstfälschung schuldig gemacht hatte, liegt nicht ohne Grund bei den Antragsunterlagen des Vereins. Er soll – drittens – Werbung für die Region machen, aus der das Produkt kommt. Das passiert im Fall der Berliner Currywurst allerdings schon seit Jahrzehnten ohne Markenschutz; man lese nur die Reiseführer.

Welche sind nun die schutzfähigen Kategorien? Auch hier gibt es drei.

Erstens die „geschützte geografische Angabe". Danach muss das Produkt entweder in der Region erzeugt oder hergestellt oder verarbeitet werden. Das könnte im Fall der Berliner Currywurst gelingen, wenn es da nicht ein paar Probleme gäbe, aber dazu später. Zweitens gibt es die „geschützte Ursprungsbezeichnung", nach der das Produkt in der Region sowohl erzeugt als auch hergestellt als auch verarbeitet werden muss. Diese Schutzart hätte nicht mal eine Chance, wenn sich Berlin und Brandenburg 1996 vereinigt hätten, denn die Kapazitäten würden wohl auch dann nicht ausreichen. Außerdem kann man keinem Berliner Fleischer vorschreiben, dass er sein Fleisch aus Brandenburger Schlachtbetrieben beziehen muss. Und selbst wenn: Müsste die Wurst dann nicht auch „Berlin-Brandenburgische Currywurst" heißen? Die dritte Schutzart „garantiert traditionelle Spezialität" kann beantragt werden, wenn das Produkt aus traditionellen Rohstoffen zusammengesetzt oder nach einem traditionellen Verfahren hergestellt wird.

Nachdem geprüft worden ist, welche der Schutzarten am ehesten gewährt werden könnte, hat sich der „Verein Interessengemeinschaft Berliner Traditionswurstwaren" für die Beantragung der „geschützten geografischen Angabe" entschieden. Der schutzwürdige Teil der Wortmarke bezieht sich demnach auf Berlin als den Ort der Herstellung und würde bewirken, dass kein außerhalb Berlins ansässiger Fleischer mehr Berliner Currywürste auf den Markt bringen darf. Berliner Fleischer aber könnten, wenn ihre Betriebe ein EU-Zertifikat haben, den gesamten EU-Raum mit original Berliner Currywürsten beliefern.

Das Patentrecht schreibt jedoch auch vor, dass die Berliner Currywurst nach ihren äußeren Merkmalen wie Form, Farbe, Konsistenz und Gewicht spezifiziert werden muss, wenn sie als Marke geschützt werden soll. Spezifiziert werden muss darüber hinaus auch ihre Zusammensetzung, also Zutaten und Analysewerte. Aber auch hier: Der Teufel …

Allein eine Befragung von Mitgliedern der Berliner Innung – und das sind längst nicht mehr alle Fleischer in Berlin – hat erstens nur einen spärlichen Rücklauf und zweitens trotzdem eine Vielfalt erbracht, die kaum auf einen schutzfähigen Markennenner zu bringen ist. Denn sie haben seit Herta Heuwers Zeiten spezielle Rezepturen entwickelt – oft in Abstimmung mit ihren Kunden, so sie Imbisse betreiben –, die ziemlich uneinheitlich sind. Sie stellen Currywurst ohne Darm als weiße Ware her, oder Currywurst mit Darm, und zwar als weiße Ware und als umgerötete, geräucherte, zuweilen mit Anteilen von Rindfleisch. Es gibt sie als Dampfwürste und als Bockwürste. Die Verkehrsauffassung der Berliner Innung aus den siebziger Jahren, nach der eine Currywurst ausschließlich eine weiße Wurst sein sollte, konnte für die jetzt zu erbringende Spezifikation nicht zugrunde gelegt werden, weil sich in der Praxis des täglichen Verzehrs andere Vorlieben durchgesetzt haben. Eine umgerötete Wurst erhält ihre Farbe durch den Zusatz von Nitritpökelsalz, so dass sich bei einer Erhitzung der Wurst auf über 200 Grad Nitrosamine bilden können und damit ein Krebsrisiko besteht. Da solche Hitze aber nur auf dem Grill oder in der Friteuse entstehen kann, nicht jedoch auf dem Bräter, stellt der Verzehr von umgeröteten Currywürsten mit Darm kein Risiko dar. Seit das erwiesen ist, können ihre Fans weiterhin darauf schwören, dass sie die beste sei, weil so schön knackig, kross und knusprig.

Die Umfrage ergab weiterhin, dass für Kunden im Ostteil Berlins die Currywurst im Regelfall – also bei Konnopke's – eine weiße Wurst ohne Darm ist, im Westteil aber eine umgerötete mit Darm. Und exakt in dieser Differenz hätte das weiter oben erwähnte Konfliktpotential gelegen, wenn der antragstellende Verein entweder die eine oder die andere Variante für die Spezifikation der äußeren Merkmale der Berliner Currywurst ausgewählt hätte. Zumal es Stimmen gibt, die der jeweiligen Variante für den jeweiligen Teil der Stadt einen hohen Symbolwert zusprechen. Um nun nicht etwa eine neue Mauer aus Currywürsten zu bauen, hat der Verein beschlossen, unter der Wortmarke Berliner Currywurst beide Varianten zum Schutz zu beantragen:

„BERLINER CURRYWURST OHNE DARM ist gebrüht. Besonderes Merkmal ist das gleichmäßig helle bis weiße Wurstbrät. Der Muskelfleischanteil im Wurstbrät ist geschmacklich deutlich wahrnehmbar. [...] BERLINER CURRYWURST MIT DARM ist umgerötet, geräuchert und gebrüht. Besondere Merkmale sind das rauchgebildete Aroma und der charakteristische Biss. Der Muskelfleischanteil im Wurstbrät ist

**Herstellungsbereich
Fleischerei Lemke:
Die Currywurst kriegt
einen Darm, 1988.**

geschmacklich deutlich wahrnehmbar." Für beide ist zusätzlich ein nahezu identischer Anteil der verschiedenen Sorten bindegewebsei-weißfreien Fleischeiweißes festgelegt, der für eine Wurst mittlerer Qualität verbindlich ist. Über die Verwendung von Gewürzen gibt es keine Festlegungen, auch weil dies dem Sinn des Schutzes zuwider-liefe, der ja dem Berliner Fleischerhandwerk gilt. Mit der individuellen Würze der Currywurst sei es wie mit dem Käsekuchen, sagt Klaus Gerlach. Der schmecke schließlich auch bei jedem Bäcker anders. Mit wie viel Pfeffer, Kümmel, Curry, Muskatnuss und Ingwer das Brät gewürzt wird, ob es noch eine Prise von diesem oder jenem anderen sein kann, soll Sache des einzelnen Fleischers bleiben.

Bis hierher war's ein langer Weg. Jetzt liegt der Antrag beim Patentamt. Ob daraus mehr werden wird als der Versuch, einen Pudding an die Wand zu nageln, bleibt abzuwarten.

Berliner und Berlinbesucher, die auf die Currywürste von Curry 36, Konnopke's, Krasselt's oder Bier's Kudamm 195 schwö-ren, können jedenfalls davon ausgehen, dass deren zuliefernde Fleischereien allesamt Träger eines EU-Zertifikats sind. Maximilian

Frank Friedrich mit Sohn Christian, 2010.

ist im Jahr 2009 dafür extra nach Neukölln umgezogen, weil der vorherige Standort in der Charlottenburger Pestalozzistraße 103 zu klein war, um den Betrieb richtliniengerecht umbauen zu lassen. Auf der Homepage der Firma kann man sich übrigens ansehen, wie die Herstellung seiner Currywurst abläuft. Einen Film dieser Art zeigt auch das Deutsche Currywurstmuseum in Berlin.

Was bei den vier Imbissen unter die Soße kommt, und zwar schon so lange, dass sich je eine eigene Tradition entwickelt hat, ist in allen vier Fällen etwas anderes. Individuell und originell. Bei Curry 36 gibt es seit den Zeiten des Vorgängers, also seit etwa 1952, eine darmlose Currywurst, sogar noch in dessen Zubereitungsart, nämlich gekocht aus dem Kessel. Vera Stenschke hat für sie den Begriff „Lightwurst" erfunden, weil sie den Gebrauch der Bezeichnung ‚Leichenfinger', den vorwitzige Stammkunden so innig lieben wie die Wurst selbst, als genussfeindlich empfindet. Seit 1980 wird diese Wurst aber auch gebraten. Für die Currywurst mit

Vorräte bei Krasselt's.

Darm wird eine Bockwurst verwendet. Gebraten wird in Erdnussöl. Als Klaus-Peter Bier mit seinem Imbiss noch am Kurfürstendamm 185 stand, zwischen 1966 und 1989, verkaufte er anfangs ausschließlich Currywurst mit Darm, eine Dampfwurst. Erst seit Mitte der siebziger Jahre auch die darmlose Wurst nachgefragt wurde, nahm er sie ins Programm. Bis heute wird jedoch häufiger die Wurst mit Darm bestellt, auch in der Filiale an der Kantstraße 7, die seit fünfundzwanzig Jahren zum Unternehmen gehört. Interessant ist, dass am Imbiss, den Bier 1995 am Bahnhof Friedrichstraße eröffnet hat, die Currywurst im Darm nur zögernd auf Zuspruch gestoßen ist. Bis heute macht sie dort nur ein Viertel der Würste aus, die über den Tresen gehen. Gebraten wird an allen drei Standorten in Schweineschmalz. Bei Bier's Kudamm 195 gibt's übrigens auch die Original Thüringer Bratwurst, natürlich aus Thüringen. Konnopke's und Krasselt's verkaufen seit 1960 bzw. 1959 ausschließlich Currywürste ohne Darm, die nicht nur deshalb verschieden schmecken, weil sie von verschiedenen Lieferanten kommen, sondern auch, weil sie bei Konnopke's in Schweineschmalz gebraten werden, bei Krasselt's jedoch in Erdnussöl. Wenn statt Schweineschmalz, dem Klassiker, Erdnussöl verwendet wird, dann deshalb, weil dieses Öl das hitzestabilste überhaupt ist. Es hat einen hohen Siedepunkt und qualmt erst bei 220 Grad. So heiß wird's jedoch in keinem Bräter.

Auf keiner der Speisekarten steht übrigens „Original Berliner Currywurst", weil sich wie von selbst zu verstehen scheint, dass es immer eine ist. Buden, die mit dieser Wurstbezeichnung für sich werben, gibt es jedoch. Auf Berliner Weihnachtsmärkten etwa, oder auch vor dem Fernsehturm in Berlins neuer Mitte, die ihre Wurst aber aus Westfalen bezieht. Jon Flemming Olsen hat auf seiner „Reise ins Herz der Imbissbude" sogar eine Bude in Jena gefunden, die auf ihre „Original Berliner Currywurst" stolz ist.

Was als Berliner Currywurst gilt, entscheiden wahrscheinlich am ehesten die, die sie essen, und denen wird die Bude, an der sie das tun, wichtiger sein als der Ort, an dem die Wurst hergestellt worden ist. Für Martin Stock, Geschäftsführer der Innung, ist die Sache ohnehin kein Problem erster Ordnung, denn die Currywurst ist nur ein Produkt unter vielen und davon nicht einmal das mengenmäßig größte. Selbst wenn der Fall eintritt, dass die Wortmarke geschützt wird und alle der ca. 150 bis 200 Berliner Currywurstbuden beschlössen, sie auf die Speisekarte zu setzen, um Kunden anzulocken: Wer wollte kontrollieren, ob auch immer drin ist, was drauf steht?

Wegen all dieser Schwierigkeiten, vor allem aber, weil Wurst ein Allgemeingut sei, auf das niemand besondere Rechte beanspruchen könne, hat die Sache um den Markenschutz für Klaus Gerlach etwas von einer Posse. Wie dem auch sei, wenn es um Marktanteile geht und den Schutz des Berliner Fleischerhandwerks, auch außerhalb der Innung natürlich, dann hört der Spaß selbst für ihn auf.

Für die Wurst aber fängt er mit der Soße jetzt erst an, wird sie doch nur mit ihr, was sie sein soll.

Der kleine, aber feine Unterschied

Es ist eine hübsche, gut berlinisch erzählte Geschichte, mit der Herta Heuwer später Nachfragende über den Ursprung ihrer Chillup-Sauce aufklärte. Elvira und Hermann Lemke meinen sich zu erinnern, dass Herta Heuwer eine gelernte Putzmacherin war. Das erkläre auch ihre Vorliebe für schrille Hüte. Und womöglich auch ihren Sinn für Pointen in ihrer Geschichte der Soßenerfindung? Sie hat sie datiert auf den konkreten Tag des 4. September 1949, an dem es „Kinderköppe" geregnet haben soll und die Kunden gut beraten gewesen wären, lieber zu Hause zu bleiben. Langeweile? Fehlanzeige. Gelegenheit zum Experimentieren! Das Wissen um die amerikanische Sitte, Steaks mit Ketchup zu würzen, hatte Ehemann Kurt aus der Kriegsgefangenschaft mitgebracht. Mit Tomatenmark und

Gewürzen habe sie an jenem Tag versucht, diesen Ketchup selbst herzustellen und am selben Abend eine Art Geschmacksexplosion erlebt: Sie hatte die Chillup-Sauce erfunden!

Erinnert diese Überlieferung nicht allzu stark an das Glück von Lena Brückner aus der „Entdeckung der Currywurst", der die Currysoße beim Sturz von der Treppe buchstäblich in den Schoß fiel, wie das in guten Novellen so üblich ist? Lassen wir die Frage beiseite, wie Herta Heuwers Realität und Uwe Timms Poesie sich hier zueinander verhalten, um eine Erzählung Frank Friedrichs zu Wort kommen zu lassen, die eine größere Wahrscheinlichkeit besitzt und ein anderes Licht auf diese Szene wirft.

Unentwegt habe sie an ihrer Soße herumgetüftelt und sie immer wieder von Frank Friedrich verkosten lassen. Seine Vorschläge, wie man das Verhältnis von Süße und Säure so ausbalancieren könne, dass die Geschmacksnerven angeregt würden, seien demzufolge in die Rezeptur der Soße eingegangen, die Herta Heuwer sich schließlich am 21. Januar 1959 mit der Schriftbildmarke „Chillup-Sauce" beim Patentamt schützen ließ.

Warum erst zehn Jahre später? Marc Reisner, der die Legende vom 4. September 1949 auch kürzlich angezweifelt hat, begab sich auf Spurensuche und fand die behördliche Nummer des zugehörigen Warenzeichens heraus: 721319. Wohl als Erster stellte er klar, dass es sich dabei nicht um ein Patent handelt, wie Herta Heuwer einst behauptet hat und von Medien bis heute bestätigt wird. Zu ergänzen bleibt, dass Herta Heuwer gut daran tat, das Rezept nicht beim Patentamt zu hinterlegen. Denn dann wäre es jedem Interessenten zugänglich gewesen und sie womöglich nicht die Einzige geblieben, die mit genau dieser Soße zahllose Gaumen verwöhnen konnte. Das Kopieren wäre nicht mal eine Straftat gewesen, weil Rezepte nicht patentrechtlich geschützt werden können. Nicht umsonst schließlich liegt das Rezept für die Coca Cola – dem beliebten Getränk zur Currywurst – bis heute und wahrscheinlich in alle Ewigkeit im Safe des Herstellers. Auf ihr Alleinstellungsmerkmal aber könnte es Herta Heuwer angekommen sein, denn sonst hätte sie, die von der Firma Kraft – oder war es doch Knorr? – umworben worden sein soll, ja ins ganz große Geschäft einsteigen und ihren Imbiss verlassen können. Weshalb sich jedoch auch in ihren nachgelassenen Unterlagen kein Rezept für die Soße fand, kann natürlich niemand mit Sicherheit sagen.

Sagen zu können, wie Herta Heuwers Soße geschmeckt hat, nimmt Frank Friedrich mit einem hohen Grad an Wahrscheinlichkeit für sich in Anspruch und beruft sich dabei auf Notizen aus der Zeit ihrer Erfindung. Auf Wunsch der Nichte Herta Heuwers hat er die „Chillup Sauce" 2003 nachbereitet; Anlass war die bevorstehende Ehrung der Erfinderin mit der besagten Gedenktafel. Seither vertreibt Frank Friedrich diese Soße über seine Firma Maximilian unter dem Namen „Chillmax", denn die Wortbildmarke „Chillup-Sauce" hat sich Olaf Römer, der Ehemann von Herta Heuwers Nichte Brigitte beim Deutschen Patentamt mit der Registernummer 30635256 schützen lassen.

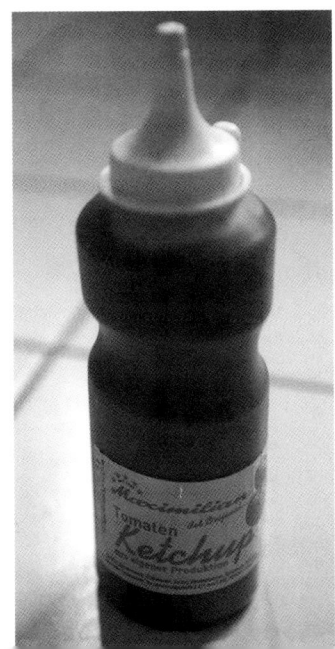

Hauseigener Ketchup von Krasselt's.

Weder die Inhaber von Curry 36, Vera und Lutz Stenschke, noch von Konnopke's, Waltraud Ziervogel, von Krasselt's, Harald
Köhring, oder von Bier's Kudamm 195, Klaus-Peter und Gregor
Bier, haben je Anstalten gemacht, ihre Currysoßen markenrecht-
lich schützen zu lassen. Wozu auch? Es reicht ja aus, die Rezepte
niemandem zu verraten. Sie sind deren ganz individuelle Zutat zur
Wurst, und das ist wohl Grund genug, Geheimnisse zu hüten.

Harald Köhring lässt sich die Gewürze extra nach Hause
liefern, damit nicht einmal seine Mitarbeiter sehen können, welche
es sind. Auf dem Betriebsgelände seines Schwagers hat er sich eine
kleine Soßenküche eingerichtet. Der Schrank, in dem die Gewürze
verwahrt werden, steht im Imbiss am Steglitzer Damm. Nur er und
seine Tochter haben einen Schlüssel zum Schrein. Einmal pro Jahr
bestellt Harald Köhring bei verschiedenen Herstellern Proben ihres
Tomatenmarks, um sich erst nach ihrer Verkostung für die Sorte zu

Blick in die Ketchupküche von Krasselt's.

entscheiden, die für seine Soße die richtige ist. Preisschwankungen werden in Kauf genommen. Alle vierzehn Tage wird sein Ketchup zubereitet, jeweils einhundertsiebzig Eimer mit einem Fassungsvermögen von zehn Litern. Es versteht sich von selbst, dass die Würzmischung, mit der das Tomatenmark seinen rühmlichen „Krasselt's-Geschmack" bekommt, hinter verschlossenen Türen einzig von Harald Köhring und seiner Tochter hergestellt wird. Wenn dann zwei der Mitarbeiter kommen, um den Ketchup anzurühren, finden sie die exakt abgemessene Gewürzmischung vor, alle anderen Spuren sind beseitigt. Zwar gibt es einen Industriedosenöffner und eine Maschine, die das Rühren übernimmt. Trotzdem ist das Ketchupmachen Männersache, denn das Heben der dreißig Kilo wiegenden Kartons mit Tomatenmark und das Schleppen der Eimer bleibt anstrengende körperliche Arbeit.

Nachdem der Ketchup bei Konnopke's erfunden worden war, blieb seine Zubereitung lange Zeit eine Arbeit, die in der häuslichen Küche und in reiner Handarbeit von der zierlichen Charlotte Konnopke verrichtet werden konnte. Die Menge war noch nicht so groß, zwei oder drei Schüsseln pro Tag. Die Dosen mit Tomatenmark, Tomatenpüree oder Tomatenketchup wurden in den Größen geliefert bzw. von Ehemann Max Konnopke herangeholt, die auch im Einzelhandel erhältlich waren, und wogen nicht schwer. Was dann aus der wechselnden Basis, die zuweilen aus Ungarn kam, gezaubert wurde, sollte aber trotzdem immer gleich schmecken. Diese Soße musste genau den Geschmack und die Konsistenz haben wie die, an der Charlotte und Max Konnopke, Günter Konnopke, Waltraud und Kurt Ziervogel 1960 zu Hause herumexperimentiert hatten. Mit Gewürzen, Küchenwaage, Messlöffel und Notizblock war so lange probiert worden, bis das Tomatenmark dem Ketchup ähnelte, den Max Konnopke in Westberlin gekauft hatte, und alle fünf zufrieden waren.

Die Herstellung des immer Gleichen konnte jedoch schon mal zu einer besonderen Herausforderung werden. Zwar gab es nie Lieferengpässe des knappen Guts – bei außergewöhnlichen Anlässen wie etwa den Weltfestspielen 1973 in Ostberlin wurde

Konnopke's ein Sonderkontingent zugeteilt –, aber wenn statt Tomatenmark plürriges Tomatenpüree in Ketchup zu verwandeln war,
konnten nur Tricks und Kniffe helfen. Das Püree war fast so flüssig
wie Tomatensaft und wäre von der Wurst ja schlankweg runterge-
laufen. Renate Konnopke, die mit Ehemann Günter die Bude in Weißensee betrieb, erinnert sich noch heute schaudernd, dass sie zu
Hause in der Küche dieses Püree erstmal aufkochen musste, um es
mit Mehl andicken zu können.

Seit 1990 hat die Firma Werder natürlich keine Not mehr,
Konnopke's mit ordentlichem Tomatenmark zu beliefern. Auch
nicht mit den von dort bestellten Mengen, denn die Kampagne von
2000, bei der sich Heinz-Ketchup, grün gefärbt, um seinen Absatz
bei Konnopke's bemühte, ging in die Hose. Die Presse war zwar
außer sich vor Freude und feierte den Beginn einer neuen Ära, die
Kunden aber hielten sich nach anfänglicher Neugier auffällig zurück.
Das Auge isst ja schließlich mit. Nach Zusatz der bei Konnopke's
üblichen Gewürze nämlich wechselte der grüne Ketchup seine Farbe
ins Bräunlich-Graue und den meisten verging schnell der Appetit.
Die Soße ist seither wieder rot und wird weiterhin zu Hause ange-
rührt. Seit 1976 mit Hilfe einer Maschine und seit Kurt Ziervogel
nicht mehr mitarbeiten kann, allein von Sohn Mario, der dafür einen
eigenen Raum am Haus hat. Neu seit der Wende ist, dass zusätzlich
Currypulver über die Wurst gestreut wird und auf Wunsch auch
etliche Scoville, weil die Westberliner Sitte auch im Prenzlauer Berg
Schule machte.

Die Kunden, die beim Vorgänger von Curry 36 in Kreuzberg an die Soße des Wurstmaxen gewöhnt waren, mussten sich
auch auf eine Veränderung einstellen. Im Laufe des Jahres, in dem
dieser noch bei Lutz Stenschke als Angestellter mitarbeitete, um
seine Kunden allmählich an den neuen Besitzer zu gewöhnen, haben
diese sich auch nach und nach an eine neue Soße gewöhnen müssen. An die nach dem Geschmack von Lutz Stenschke nämlich. Über
viele Jahre hat er zwei Sorten Ketchup von zwei verschiedenen Herstellern bezogen, die jeweils nach Stenschkes Wunsch vorgewürzt

waren. Aufmerksame Kunden haben offenbar beim Anliefern gesehen, woher der Wind wehte, und bei diesen Herstellern nachgefragt.
Daraufhin nahmen beide ihre jeweilige „Stenschke-Spezialmischung"
ins offizielle Programm und machen damit gute Geschäfte. Die Soße,
die bei Curry 36 auf die Wurst kam, war indes eine Mischung aus
beiden, der weitere Gewürze zugesetzt wurden. Es gibt mehrere
Mitarbeiter, die das Geheimnis kennen, weswegen es eigentlich kein
richtiges Geheimnis ist. Die Kette McDonald's, die das Rezept haben
wollte, hat es aber trotzdem nicht gekriegt. Jeder gute Koch hätte
wenig Mühe, sagt Lutz Stenschke, die zusätzlichen Gewürze heraus-
zuschmecken und die Soße nachzumachen. Der allgemeinen Aufre-
gung um geheime Soßenrezepte kann er ohnehin wenig abgewinnen.
Sein Geheimnis bestehe darin, etwas anzubieten, was möglichst
vielen Kunden ein bisschen schmeckt und nicht nur wenigen extrem
gut. Und auch das sei kein Geheimnis, denn darauf beruhe der Erfolg

**Mario Ziervogel
beim Ketchup-
machen.**

der großen Ketten. Weil es ihm aber darauf ankommt, dass die Soße immer gleich schmeckt, wird der Ketchup seit Juni 2010 nicht mehr vor Ort von den Mitarbeitern nachgewürzt. Die Firma Werder hat den Zuschlag erhalten. Dort wird jetzt der Curryketchup hergestellt, der bislang aus zwei Ketchup-Sorten und hauseigener Nachwürze gemischt worden ist. Zum einen ist damit garantiert, dass die maschinell erzeugte Zusammensetzung immer exakt die gleiche ist und unter den bestmöglichen hygienischen Voraussetzungen zubereitet wird, zum anderen entfällt ein Arbeitsgang für die Mitarbeiter von Curry 36. Kein richtiges Geheimnis, wie gesagt, aber immerhin gibt's einen spektakulären Sieg: 2008 haben Stammkunden, deren Geschmacksnerven von der Curry 36-Soße in verschiedenen Schärfegraden geschult waren, einen Wettbewerb gegen eine eigens aus Hamburg angereiste Expertencrew gewonnen. Zwei kleine Filme darüber, anzuschauen auf YouTube, zeigen, wie schön Leiden sein kann.

Selbstredend schmeckt der Ketchup bei Bier's Kudamm 195 und dessen zwei Filialen in der Kantstraße 7 und am Bahnhof Friedrichstraße anders als bei allen anderen. Auch er ist selbst gewürzt. Den Lieferanten verrät Gregor Bier nicht. Spezialität des Hauses ist eine Extrasoße, der Konsistenz nach eigentlich eher ein Dip, die zweimal pro Woche frisch hergestellt wird. Das Rezept hat Klaus-Peter Bier erfunden. Wer nur davon nimmt und keinen Ketchup dazu, muss aber auch einiges an Schärfe vertragen können. Viele kommen eigens wegen dieser Soße.

Die Curryketchup-Soßen würden aber auch dann verschieden schmecken, wenn sich keiner die Mühe machte, individuelle Würzmischungen hinzuzugeben. Man bedenke nur, wie viele Sorten Ketchup und Tomatenmark auf dem Markt sind, die alle mit besonderen Geschmacksnoten für sich werben. Nicht mal das Currypulver ist immer gleich. Im eigenen Interesse wird jede Gewürzmühle zwar darauf achten, dass das von ihr vertriebene Pulver immer gleich schmeckt. Aber – um noch einmal den Herrn mit dem Pferdefuß zu bemühen – Currypulver ist schon von Haus aus eine Mischung (die man in Indien als solche nicht kennt), an der zwischen zehn und sechzig verschiedene Gewürze beteiligt sein können. Die häufigsten sind Koriandersamen, gemahlene Chilischoten, Cayennepfeffer, Kurkuma, Pfeffer, Senfkörner, Paprika, Kardamom, Galgant, Ingwer, Kreuzkümmel, Zimt, Nelken, Muskat, Knoblauch, Tamarinde, Kokos, Sternanis, Mohnsamen, Fenchel, Lorbeerblätter, Piment, Bockshornkleesamen oder auch – besonders bei europäischen Herstellern – Rosmarin und Oregano. Marc Reisner hat aus einem Test des Verbraucherinformationsdienstes aid in Bonn zitiert, der „keine einzige Zutat entdeckt" hat, „die in allen Mischungen vorkommt".

Unter diesem Aspekt lässt sich zu neuesten Forschungsergebnissen, nach denen Curry eine vorbeugende Wirkung gegen Alzheimer entfalte, wohl nur sagen: Solange niemand genau weiß, wie Alzheimer wirklich entsteht, wird es geglaubt werden und der Placeboeffekt seine Arbeit tun. Immerhin ist mit der vorbeugenden Wirkung des Currypulvers seither der hemmungslose Verzehr von Currywürsten begründet worden.

Halten wir aber erst einmal fest, was nicht leicht von der Hand zu weisen ist: Herta Heuwer war die erste Berlinerin, die auf die Idee gekommen ist, eine Soße nachzuahmen, die ihr Mann Kurt in amerikanischer Kriegsgefangenschaft kennen und schätzen gelernt hatte. Solange niemand etwas anderes beweisen kann – was nach Lage der verfügbaren Quellen schwierig werden dürfte –, gebührt ihr das Verdienst, mit einer Wurst, die ein starkes Stück deutsch-deutscher Nachkriegsgeschichte enthält, das „Steak des kleinen Mannes" auf den halbierten Berliner Speiseplan gesetzt zu haben, das als Idee über die Grenze ins Paradies des „kleinen Mannes" geschmuggelt wurde. Als wäre das allein nicht schon aller Ehren wert, geht aber auch noch eine Fortsetzung auf sie zurück, deren Ende so wenig abzusehen ist, wie man sich das von spannenden Geschichten immer wünscht. Diese ganze Geschichte ist allem Anschein nach so ursprünglich, dass keine noch so großzügige EU-Spezifikation diese Schutzart je zertifizieren könnte. Denn jetzt – zwanzig Jahre nach der Wende: vereintes Berlin, vereinte Currywurst? Bisher zum Glück noch nicht. Aber selbst wenn es künftig irgendjemand darauf anlegte, aus der Curry- eine Einheitswurst zu machen: Das Projekt wäre zum Scheitern verurteilt.

Was Wunder, dass immer wieder die Frage gestellt wird, welche denn nun die beste Berliner Currywurst sei. Seit auch Konnopke's Currywurst von den Medien weltweit gepriesen wird, wachsen Erwartungen der davon Angelockten schnell in alle Himmel. So mancher fällt dann enttäuscht wieder runter und fragt, was eigentlich das Besondere an dieser Wurst sei. „Na, das is unsere Wurst. Janz einfach", sagt Mario Ziervogel dann, „und janz ohne Blattjold. Wenn Se so was suchen, müssen Se woanders essen jeh'n." Waltraud Ziervogel verkneift sich nicht, bei Curry 36 die Curry mit Darm zu essen, wenn sie in Kreuzberg zu tun hat. Incognito natürlich. Sie mag diese Wurst, nur zu klein ist sie ihr. Schon deshalb und erst recht wegen ihrer eigenen Wurst würde sie nie sagen, dass diese Wurst die beste sei. Das sagt noch nicht mal Denny von Curry 36, der sie dort seit einundzwanzig Jahren mit heißem Herzen und großer Klappe verkauft. „Wenn uns're Wurst die beste wär, müsst'n wir ja 'n janzen Mehringdamm sperr'n!" Das würde mindestens zu erheblichen Störungen im Verkehr führen, der sich dort seit 1990 ohnehin viel zu oft staut.

Schmecken. Tasten. Sehen. Hören. Riechen. Und sich Erinnern. Am Genuss einer Currywurst sind alle Sinne beteiligt, erst recht, wenn sie in aller Öffentlichkeit gegessen wird.

Wie kommt es eigentlich, dass es Berliner Currywurstbuden wie Curry 36, Konnopke, Krasselt und Bier's Kudamm 195 seit Jahrzehnten gibt, wenn es doch zum besonderen Merkmal der Imbissbude im Allgemeinen gehört, plötzlich da zu sein und ebenso plötzlich wieder zu verschwinden? Ein flüchtiger Ort vorübergehender Begierden? Geht es vielleicht in den konkreten Fällen um mehr als nur die Wurst? Würde zum Beispiel die originale Curry ohne Darm von Bier's Kudamm 195 dem Stammkunden X genauso schmecken, wenn er dieselbe Wurst bei Konnopke's in der Schönhauser Allee essen würde? Ist es vielleicht so, dass eine echte Berliner Currywurst nur dann eine ist, wenn sie an jedem Ort der Zubereitung anders schmeckt? Nur original, wenn originell? Fragen über Fragen ...

**Kundin bei Bier's
Kudamm 195.**

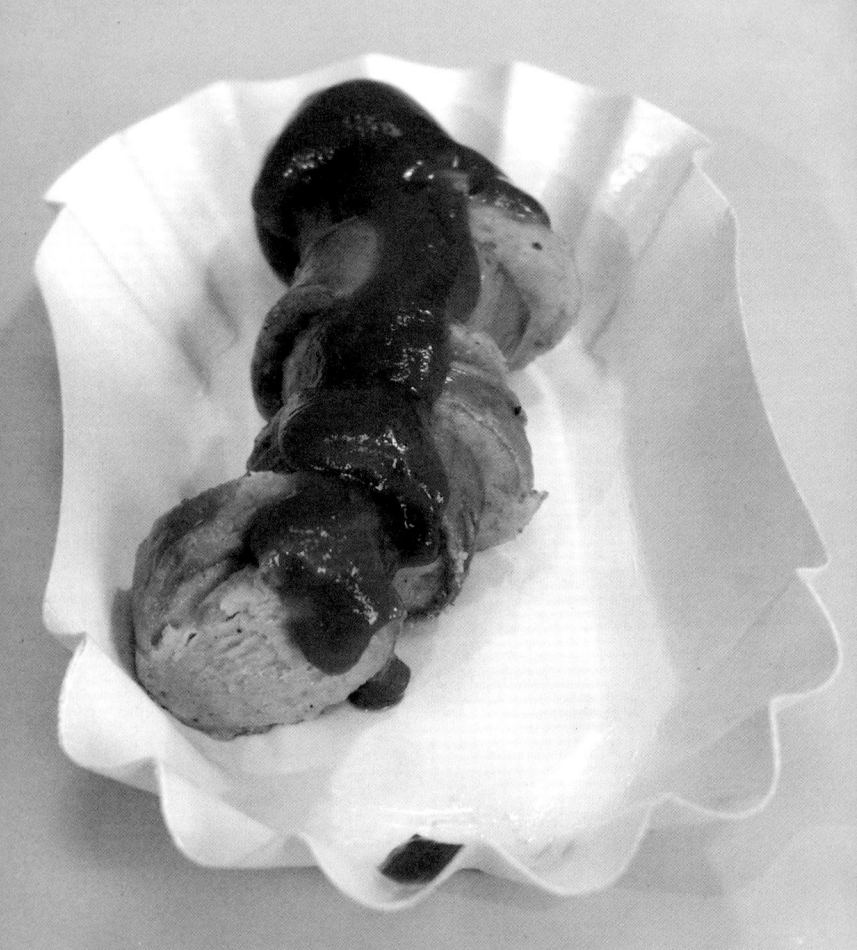

Currywurstlunch

Weit abseits vom Fahrbahnrand des Kurfürstendamms nimmt sich Bier's Kudamm 195 fast wie ein Ort des Rückzugs aus. Man könnte denken, dass den Weg zum rechten Winkel, den die zwei Fassaden des Eckgrundstücks bilden, nur findet, wer den Imbiss kennt. Denn was zuerst ins Auge fällt, ist die Werbung für ein Sonnenstudio, die in fetten und grell orange leuchtenden Lettern eine der beiden Hauswände beherrscht. Eine riesige Tafel gleich neben der Schrift verkündet schon seit Monaten, dass Solarent umgezogen ist. Auf weitere bevorstehende Veränderungen im großen Stil verweist ein turmhohes Plakat an der anderen Hauswand. Es zeigt den Entwurf eines achtstöckigen Glaspalasts, der bald auf dem freien Platz vor dem Eckgrundstück stehen wird. Es zeigt auch die künftige Ansicht des denkmalgeschützten Bürohochhauses, dessen Sanierung im Zuge dieses Neubaus geplant ist. Erst wenn man den Blick wieder senkt, entdeckt man drei pralle Currywürste, geformt aus roten Leuchtstoffröhren, die am Mauerwerk dieses Hauses wie wegweisende Pfeile aneinandergereiht sind. Sie erst lenken die Aufmerksamkeit auf die Bude, für die sich diese Bezeichnung eigentlich verbietet. Denn eine Bude ist ein für Kunden unbegehbarer Raum. Und wenn Roland Dietl, seit 1972 schon bei Klaus-Peter Bier angestellt, von seinem Hocker am Stammtisch rutscht, um in die Filiale an der Kantstraße 7 zu gehen, sich von den Kollegen mit den Worten verabschiedet: „Bleibt ihr ma schön hier in eurer Pufferbude, ick jeh jetz' in mein' Gourmettempel", dann soll das natürlich ein Witz sein. Selbst Ralf Rendelmann lacht.

Seit über zehn Jahren bedient er hier. Vormittags um halb zehn beginnt die Frühschicht, damit drei Angestellte in den anderthalb Stunden bis zur Öffnung der gläsernen Schiebetüren alles vorbereiten können. Hochbetrieb in den hinteren Räumen, wo die Kühlschränke stehen, die Getränkekästen, die Kartons mit Pappschalen und Plastikgabeln und Servietten, wo sich auch die Küche befindet, in der Jutta Metovič morgens ab sieben Uhr die Fleischspieße steckt und die Würste ritzt. Hochbetrieb ebenso vorn im Verkaufsraum, denn da wird geputzt. Ralfs Revier sind die vier Pfannen, an jedem Verkaufsplatz zwei; eine für Currywürste mit, eine für Currywürste ohne Darm.

**Bier's Kudamm 195
zur Mittagszeit.**

Berlinern und Berlinbesuchern, die mittags über das um
diese Zeit nicht allzu belebte Stück Kurfürstendamm zwischen
Uhland- und Leibnizstraße schlendern und bei Bier's Kudamm 195
einkehren, wird Ralf verschlossen bis abweisend erscheinen. Was er
sagt, bezieht sich meist nur auf den Verkauf dessen, was gewünscht
wird. Weil die Kunden alles gut sehen und sich schon während des
Wartens überlegen können, worauf sie Appetit haben, beschränken
sich seine Nachfragen zur Bestellung meist darauf, ob die Currywurst eine mit oder eine ohne Darm sein soll. Auch wenn Ralf für
Getränke und Pommes zur Wurst einen beachtlichen Weg zurück-
legen muss – wie viele Kilometer werden das wohl im Verlauf einer
Schicht sein? –, wird sich kaum ein Kunde wartend verlassen fühlen.
Denn jeder Schritt, jeder Handgriff ist zu sehen und gilt nur dem
jeweiligen Kunden. Man fühlt sich gemeint und wunschgemäß bedient, auch wenn Ralf im Unterschied zu den anderen zwei guten
Geistern an seiner Seite so gut wie nie von seiner Hände Arbeit auf-
sieht. Es sei denn, um mit einem Blick zu erfassen, wie viele Kunden
auf dem Weg zu ihm sind. Ist ein bekanntes Gesicht darunter, hellen
Ralfs Züge sich auf. So wie jetzt.

Eine elegant gekleidete Frau in mittleren Jahren schlendert
heran, winkt ihm zu, geht vorbei an der kleinen Schlange und nimmt
auf dem Hocker am Stammtisch beim Tresen Platz, den Roland
eben verlassen hat. Sie zündet sich eine Zigarette an. Ehe Ralf den
nächsten Kunden nach seinen Wünschen fragt, bringt er der Frau
schnell einen Kaffee. Sie nippt an der Tasse und lehnt sich entspannt
zurück. Ihren Namen verrät sie nicht, nur, dass sie gerade von der
Arbeit kommt und sich wie immer auf diesen Moment der Ruhe
gefreut hat. Sie wohnt in der Nähe, und weil sie in einem edlen Imbiss arbeitet, ist sie nicht nur gewissermaßen eine Kollegin von Ralf,
sondern hat sich inzwischen auch mit ihm angefreundet. Seit Jahren
kommt sie nach Dienstschluss hierher, um erst mal abzuschalten.

Unterdessen sind die meisten der elf Stehtische auf dem
Platz draußen belegt. Einige von Touristen, die ihren Bummel über
den Boulevard für einen Mittagsimbiss unterbrochen haben, andere
von Herren, die ihrem Äußeren nach vermutlich in den umliegenden

Anwaltskanzleien, Maklerbüros oder teuren Geschäften arbeiten.
Manche scheinen sich nicht einmal die kurze Mittagspause als
freie Zeit zu gönnen. Handys werden gezückt, an den Handgelenken
blitzen teure Uhren. Ein abseits Stehender aber wirkt entspannt.
Er ist in den „Tagesspiegel" vertieft und schiebt sich Zeile um Zeile
einen Happen der geschnittenen Currywurst in den Mund. An den elf
Stehtischen im Gastraum ist es noch ziemlich leer. An einem jedoch
hat sich eine ganze Familie versammelt: Vater, Mutter, zwei Kinder.
Sie sprechen russisch miteinander. Seit einigen Jahren berichtet
die Berliner Presse immer wieder, dass die Charlottenburger Kantstraße fest in den Händen der Russenmafia sei. Aber erstens ist die
Kantstraße ein Stück entfernt von hier und zweitens machen die vier
einen absolut unkriminellen Eindruck. Sie könnten zu Nachkommen
jener Schicht gehören, die in den 1920er Jahren so zahlreich und
endgültig vor Stalins Experimenten nach Berlin floh, dass Charlottenburg damals von den Berlinern umgetauft wurde in Charlottengrad.
Wohlhabend, gebildet, bürgerlich. Die beiden Kinder betrachten die
vielen Fotografien an den Wänden, während die Eltern ihnen erklä-

Curry und Schampus am Kudamm.

ren, was es mit der dort abgebildeten Mauer auf sich hat. Dass der hoch gewachsene, dezent gekleidete Mann, der eben den Raum durchquert, der Fotograf ist, ahnen sie sicher nicht. Und nur daran, dass er aus der Tür, die ins Hintere des Imbisses führt, gekommen ist, könnten sie erkennen, dass er zugleich der Besitzer von Bier's Kudamm 195 ist.

Mit weißem Seidenschal, lässig um den Hals gelegt, und einem Borsalino-Hut auf dem Kopf ruft Klaus-Peter Bier alle Erinnerungen an die Bohème der zwanziger Jahre wach, die dem Kudamm über Jahrzehnte das spezielle Flair als Boulevard einer westeuropäischen Metropole verliehen hat. Er wird draußen bei den Tischen von Sohn Gregor erwartet, der seit 1997 Mitinhaber des väterlichen Unternehmens ist. Jung und dynamisch, er trägt Jeans und ist in Eile. Vater und Sohn besteigen den bereitstehenden Lieferwagen und fahren davon. Das Motorengeräusch dieses Autos ist dabei ebenso wenig zu hören wie das der über den Kudamm gleitenden S-Klasse-Schlitten.

Gregor und Klaus-Peter Bier.

Stattdessen unterstreicht leise Radiomusik die gedämpfte Bar-Atmosphäre, mit der Bier's Kudamm 195 sich von allen anderen Currywurstbuden der Stadt unterscheidet. In dieser Mischung aus Vertraulichkeit und Anonymität glitzert hier alles ein bisschen, sogar der üppige Zopf aus Zwiebel- und Knoblauchknollen, der neben der Speisetafel hängt. Die Original Thüringer Rostbratwurst, die es erst seit der Wende hier gibt, wird mit farbiger Leuchtreklame beworben. Die Wände im Gastraum sind rundum verspiegelt; es gibt eine Gästetoilette, am Tresen steht ein kleines Schild: Wir akzeptieren American Express, exklusiv. Eine gusseiserne Laterne rechts am Eingang verströmt zwar jetzt noch kein Licht, aber einen Hauch Boulevard, ebenso wie das Plakat mit Terminen der Trabrennbahn Hoppegarten und zwei Spielautomaten. An der Wand daneben hängen Karikaturen mit Altberliner Motiven.

Hier geht es ziemlich diskret zu, es wird selten berlinert, und an den Marmortischen entstehen zu dieser Zeit kaum Gespräche zwischen Fremden. Vielleicht mal ein freundliches Lächeln, wie jetzt von der Frau am Stammtisch. Ralf hat einen Teller vor ihr abgestellt. Was drauf liegt, ist angerichtet als Curry an Pommes. „Na, da hat sich das Warten doch wieder gelohnt", strahlt sie und beginnt zu essen.

Hier bist du? Mensch! Hier darfst du sein!

„Als Knigge 1789 sein berühmtes Benimm-Buch veröffentlichte, gab es natürlich noch keine Currywurst, und selbst wenn, hätte der Meister nur seine Nase gerümpft. Denn nur das niedere Volk verzehrt auf Straßen und öffentlichen Plätzen seine Nahrung und verstößt somit gegen die guten Sitten." Die Leser seines kleinen „Currywurst Knigge" darüber aufzuklären, warum das heutzutage anders ist, hat Werner Siegert sich nicht vorgenommen. Aber genau das soll hier die Frage sein. Wie ist aus dem Hunger stillenden „Steak des kleinen Mannes" das mehr oder weniger scharfe Vergnügen für alle sozialen Schichten und Altersgruppen geworden? Wie wurde aus einer Mahlzeit mit Schmuddelimage, erdacht in der sprichwörtlichen Not, die erfinderisch macht, ein Kultobjekt? Waren es früher die „Jungs von der Mülle und die vom Bau", für die eine (Curry-)Wurst zum Alltag gehörte – Charlotte Konnopke etwa zog 1930 mit ihrem Wurstkessel über die Baustellen im Prenzlauer Berg –, sieht man heute sogar Damen und Herren in teurer Garderobe eine Currywurst verzehren. Bei Bier's Kudamm 195, und nicht mehr nur dort, trinken sie gelegentlich Champagner dazu. An den Buden drängen sich alle: Stammkunden, Laufkunden und Touristen, Prominente, jung und alt, männlich und weiblich. Die Currywurst ist fester Bestandteil der Berliner Alltagskultur. In Ostberlin war sie das schon viel früher, wenn nicht gar von Anfang an. Wer jedoch in Westberlin auf sich hielt, hat eher einen Bogen um die Buden gemacht. Wieso eigentlich findet heute niemand mehr etwas dabei, wenn es heißt, die Currywurst sei ein „Lebensgefühl", sie sei „Berlin"?

Als Klaus-Peter Bier 1962 seine Kamera aus der Hand legte und zur Wurstzange griff, wurde er von seinen Kollegen mitleidig belächelt. Immerhin beendete er damit eine sich gut anlassende Karriere als Pressefotograf. Für den damals noch beim Ullstein Verlag erscheinenden „Telegraf" und die „Nachtdepesche" hat er fotografiert, auch für die „Bravo", die „Quick", quer durch den ganzen Wald der westdeutschen Boulevardblätter. Aber auch für die größte Pariser Illustrierte „Paris Match" war er verpflichtet; sie druckte seine Bilder vom Mauerbau sogar exklusiv. Von Kindheit an mit der Materie vertraut – sein Vater war Filmfotograf – und von Arno Scholz, der alle Druckaufträge der SPD zu Springer holte, entdeckt und ausgebildet, führte er ein sorgenfreies Leben, ein sehr sorgenfreies sogar. Bis das Interesse der Presse an Fotos von der Berliner Mauer nachließ. Vor die Wahl gestellt, fortan entweder auf den Lokalseiten der Berliner Springer-Zeitungen über Hochzeiten, Verkehrsunfälle und die Britzer Baumblüte zu berichten oder etwas anderes anzufangen, hat er sich für etwas ganz anderes entschieden.

Zunächst für den Handel mit Textilien auf einem Wochenmarkt, wo ihm aber ziemlich schnell auffiel, dass an den Wurstbuden von früh bis spät Hochbetrieb herrschte. Ein befreundeter Kaufmann stellte ihm die nötige Ausrüstung und empfahl die Fleischerei von Horst Woscislaw, von dem auch Herta Heuwer inzwischen ihre Currywurst mit Darm bezog. Anfangs sei sie misstrauisch gewesen, erinnert sich Klaus-Peter Bier, weil er drei- bis viermal mehr Würste einkaufte als sie. Denn nach kurzer Zeit schon hatte er sieben, acht mobile Wurstwagen und gleich darauf einen festen Stand in der Wilmersdorferstraße in Charlottenburg, ganz in der Nähe des Kudamms. Zu dem fühlte er sich schon als Jugendlicher unwiderstehlich hingezogen. Nur, um dort ins Kino zu gehen, hatte er damals die anderthalbstündige Busfahrt von Mariendorf aus in Kauf genommen. Einst als ein künstlich aufgeschütteter Knüppeldamm für die Kurfürsten und ihr Gefolge bestimmt und noch bis in die 1870er Jahre ein Feldweg, hatte sich der Kurfürstendamm um die Wende zum 20. Jahrhundert zum einzigen Berliner Boulevard herausgeputzt. Und zwar in der vollen Bedeutung des Wortes: bürgerliche Pracht und plebejisches Amüsement, gehobene Gastlichkeit und Kneipen, Theater, Zirkus und Kinos. Das „Jahrbuch für Millionäre" von 1913 stellt fest, dass einhundertzwanzig von ihnen am Kurfürstendamm wohnten.

Diesen Kudamm von einst aber gab es nach dem Zweiten Weltkrieg nicht mehr. Wenigstens war er nicht auf seiner gesamten Länge zerbombt worden. In erhaltenen oder nur leicht beschädigten Gebäuden fanden sich deshalb schon wenige Monate nach Kriegsende die ersten provisorisch hergerichteten Theater, Cafés, Kinos, Nachtlokale; bald auch Galerien, Modehäuser und Geschäfte des gehobenen Einzelhandels. Auf den Ruinengrundstücken dazwischen blühte das Budenleben, darunter der berühmte „Dicke Heinrich" und „Hühnerhugo". Beide teilten sich ein Ruinengrundstück am Kudamm/Ecke Brandenburgische Straße. Beim „Dicken Heinrich" gab es Schaschlik mit Nieren, Zwiebeln und Curry und mitunter kabarettistische Einlagen, weil er es liebte, Fritz Reuter zu imitieren: „Geh' ich weg von dem Fleck, ist d'r Überzieher weg ..."; er verpasste keinen Berliner Presseball. Beim „Hühnerhogo", betrieben von einem Bayern und einem Berliner, bekam man die ersten Hühner für den Straßenverzehr, und zwar aus dem Backofen, nicht etwa vom Grill wie später beim Westberliner Wienerwald und an den Ostberliner Broilerstationen.

Zwischen 1950 und 1960 wurden die ersten Neubauten auf den Kudamm gesetzt. Bürogebäude für Versicherungsgesellschaften wie die Allianz, die Victoria-Gruppe oder die Hamburg-Mannheimer und Prachtbauten wie das Hotel Kempinski. Modehäuser von Schwichtenberg, Gehringer, Staebe, Uli Richter und Detlev Albers machten den Berlinern für kurze Zeit Hoffnung, dass die Branche, deren Wiege schließlich in Berlin stand, am Kudamm wieder feste Wurzeln schlagen würde. Kurzum: Hier war was los, vom frühen Morgen bis in die tiefste Nacht, denn der Obermeister der Gaststätten-Innung Heinz Zellermayer hatte den Westalliierten schon 1949 die Aufhebung der Polizeistunde abgerungen. Am

Kudamm 185, um 1980.

Kudamm war rund um die Uhr geöffnet und ganz viel zu sehen. Die
Kassen der Budenbetreiber klingelten, denn es war politisch gewollt,
dass jeder Westdeutsche mindestens einmal in seinem Leben nach
Westberlin fuhr, um diese dann auch bald von der Mauer umschlos-
sene Insel zu bestaunen. Der Kurfürstendamm funktionierte als das
Schaufenster des Westens und lockte endlos taumelnde Touristen-
ströme herbei. Die kamen aber nicht, um fein Essen zu gehen. Aus
der Wurst der ersten Nachkriegsstunde, die vor allem den Hunger
stillen sollten, wurde somit die Currywurst für alle Eiligen, die von
einem Schauplatz zum nächsten hasteten.

    1966 war es soweit: Klaus-Peter Bier konnte einen Curry-
wurststand am Kudamm eröffnen. Wieder war es ein Freund, der
ihm unter die Arme griff und das möglich machte. Der Besitzer des
Hauses am Kurfürstendamm 185, Sigfried Prays, bot ihm einen
Stellplatz in seinem Vorgarten an, direkt an der Kreuzung Kurfürs-
tendamm/Giesebrecht-/Leibnizstraße. Unmittelbarer Nachbar
war ein Autosalon für die gehobene Klasse. Im Haus selbst gab es
ein Hotel, in dem Schauspieler wohnten, wenn sie Engagements an
Berliner Theatern hatten oder die Berlinale mit ihrer Anwesenheit
erstrahlen ließen. Die Journalisten, die zum Kudamm 185 kamen,
konnten also gleich zwei Fliegen mit einer Klappe schlagen: Sehen,
was aus dem einstigen Kollegen geworden ist, der inzwischen seine
„Gröschelchen" ansammelte, und Stars abpassen, die vor oder nach
ihren Auftritten bei ihm eine Currywurst verzehrten. Herta Heuwer
war auch unter den Gästen und liebte den Laden; allerdings war
sie damals noch nicht berühmt. Zu jener Zeit fehlte eigentlich nur
noch die Klientel aus der einkommensstarken Schicht der Anwälte, Immobilienmakler, Gourmetrestaurantbesitzer und Versiche-
rungsagenten, deren öffentliches Ansehen erheblichen Schaden
genommen hätte, wären sie von ihren Kunden mit einer Currywurst
in der Hand auf der Straße gesehen worden. Nur Frauen, die in

aller Öffentlichkeit rauchten, waren noch schlechter dran. Aber in dem Tempo, in dem die Geschäfte blühten, wurde auch die Zeit der Besserverdienenden immer knapper. Einer muss also den Anfang gemacht und sich gewagt haben, auf das Mittagsmenü im Kempinski zu verzichten und den Hunger schnell mit einer Currywurst am Kudamm 185 zu stillen. Um sich dessen schämen zu können, musste aber ein zweiter dazu kommen, der sich ebenfalls traute, Konventionen zu brechen und ihn sah. Wie kommt man am besten aus einer peinlichen Situation heraus? Man lacht und macht einen Witz draus. Aus dem „Hoffentlich sieht mich keiner" wurde die Frage „Was? SIE hier?", bis es dann ganz schnell hieß „Was? DA sind Sie noch nicht gewesen?!" Beteiligte jedenfalls erzählen, dass es kurz darauf schlicht „in" gewesen sei, eine Currywurst am Kudamm 185 zu essen und dabei einander zu begegnen. Es war nur noch eine Frage kurzer Zeit, bis es normal wurde, bei diesen Gelegenheiten auch auf erfolgreiche Geschäftsabschlüsse anzustoßen. Erst mit Sekt „Fürst von Metternich", aber dann verlangte es diese Kunden nach Champagner. So also kam der Dom Perignon auf die Speisekarte, und alles spricht dafür, dass die exklusive Kombination „Curry mit Schampus" hier aus der Taufe gehoben wurde.

Von den Protestdemonstrationen der Achtundsechziger, die auch auf dem Kudamm für Aufsehen sorgten, will Klaus-Peter Bier nichts groß bemerkt haben. Vielleicht, weil er zu dieser Zeit schon nicht mehr selbst hinterm Bräter stand. Möglich, dass die Demonstranten bei ihm Currywurst gegessen hätten, sagt er. Das ist sogar ziemlich wahrscheinlich, kamen doch viele der protestierenden Studenten aus gutbürgerlichem Hause mit fest ritualisierten Tischsitten. Dass die Väter über ihre Vergangenheit unter Hitler schwiegen, erst recht bei Tisch, wäre immerhin auch ein Motiv der Söhne und Töchter gewesen, auf der Straße nach oder während der Demo voller Protestlust eine Wurst zu essen. Schließlich haben sie selbst Rolf Eden geschont, der 1957 seinen ersten Club am Kudamm/Ecke Nestorstraße eröffnet hatte und in besseren Kreisen bald als Inkarnation des Luxus-Lasters galt. Im Interview mit dem Berliner Magazin „Haushoch" erzählte er jüngst, dass er mit seinem ersten Rolls Roys einmal mitten in eine der Kudamm-Demos hineingeraten war. Statt ihn aber zu verprügeln, wie er befürchtete, haben die Demonstranten ihn mitsamt seinem Schlitten hilfreich aus ihrer Bahn geschoben.

Spätestens Ende der 1960er Jahre also hat die Currywurst in Westberlin ihre Karriere als Fast Food für alle Schichten angetreten. Der Prozess, im Verlauf dessen sich in den einzelnen Bezirken das soziale Profil stabilisierte oder veränderte, machte sich auch im Leben an den Currywurstbuden bemerkbar.

Standen beim Wurstmaxen am Mehringdamm 36 zunächst vor allem Arbeiter, Handwerker, Taxifahrer, Schüler, Busfahrer und jene an, die in den umliegenden Ämtern arbeiteten, änderte sich das im Laufe der 1970er/80er Jahre. Denn auch im Kreuzberger Postzustellbezirk 61 siedelte sich allmählich eine Szene an, die heute gemeinhin für SO 36 als typisch gilt und neue bunte Tupfer in die Schlange vor Curry 36, dem Nachfolger vom Wurstmaxen, setzte: Junge Leute, die aus Riemers Hofgarten ein alternatives Wohnprojekt machten, ehe daraus Ende der achtziger Jahre Berlins feinste Hinterhofadresse wurde, unter der immer mehr Künstler, Grafiker, Rechtsanwälte, Journalisten und Werbefachleute, kaum aber noch Familien wohnten. Im Mehringhof in der Gitschinerstraße, unterm Dach einer ehemaligen großen Fabrik, versammelten sich ab 1980 an die dreißig Projektgruppen, die sich selbst verwalteten und finanzierten. Innensenator Lummer schickte immer mal wieder seine Leute vorbei, weil er dort Autonome und RAF-Sympathisanten wähnte. Die Yorckstraße entwickelte sich zur Kneipenmeile fürs Szenevolk mit Nachbierhunger. Indem die Currywurst ihr Schmuddelimage abstreifte, standen bald auch die in der Nachbarschaft ansässigen Ärzte und Anwälte zum Mittagsimbiss in der Schlange vor Curry 36.

Bei Krasselt's im beschaulichen Steglitz setzte sich die Kundschaft hauptsächlich aus Angehörigen der gut verdienenden Mittelschicht zusammen. Als Harald Köhring 1981 den Imbiss von

Herbert Krasselt übernahm und seine anderen Currywurstbuden in
Neukölln und Steglitz eine um die andere verkaufte oder verpachtete, um sich schließlich nur noch auf seinen Stand in Steglitz zu konzentrieren, war diese Klientel ein dafür ausschlaggebender Grund.
Hier war es weniger hektisch; die Kunden, für deren Treue schon
Krasselt vorgesorgt hatte, lagen seiner Natur näher als anderswo in
der Stadt. Kein Wunder, dass der Steglitzer Damm in keinem Buch
über den Bezirk eine Rolle spielt, denn in der Schlossstraße hat sich
mehr ereignet.

Am buntesten gemischt war die Westberliner Schar der
Currywurstesser mit Sicherheit am Kudamm 185. Jenen, denen
es dort zu kultig oder zu teuer war, boten sich den gesamten Kudamm entlang aber genug andere Möglichkeiten. Wo immer Platz
war, standen bis Ende der achtziger Jahre Imbissbuden, die den
Charlottenburgern schnell den zweifelhaften Ruf „Boulettenburger"
einbrachten.

Bei Konnopke's in Ostberlin sah die Imbisskultur etwas
anders aus. Dass sich dort alle sozialen Schichten von Anfang an
und zu jeder Zeit einfanden, hatte nicht nur damit zu tun, dass sich
die schichtenspezifischen Gewohnheiten weit weniger voneinander
unterschieden als im Westen. Stammkundin Kathrin F., die seit ihrer
frühen Kindheit Ende der sechziger Jahre mehrmals wöchentlich
ihre Currywurst bei Konnopke's isst, erinnert sich zum Beispiel daran, dass niemand etwas dabei fand, wenn früher regelmäßig eine
Frau vorbeikam und in den Abfallkörben unter den Tischen herum-
wühlte. Auch sie gehörte dazu. Wichtig war die Bude vor allem als
ein Ort der Kommunikation; man erfuhr ja dort immer, was interessierte. Chef und Chefin persönlich zu kennen, vermehrte sogar das
Sozialprestige. Hinzu kam, dass es keine Konkurrenz für Konnopke's
gab. Sie war die einzige Currywurstbude weit und breit. Selbst als in

den Siebzigern, Achtzigern am S-Bahnhof Schönhauser Allee eine Ketwurst-Bude aufmachte – die DDR-Variante des Hot Dog – oder in der Milastraße/Ecke Schönhauser Allee der „Goldbroiler", blieb Konnopke's der Ort, zu dem alle hingingen. Wer Freunde von außerhalb zu Besuch bekam, führte sie zu Konnopke's. Da musste man gewesen sein, dorthin zu gehen war Kult, lange bevor es so hieß. Im Zuge der deutsch-deutschen Annäherung seit den frühen siebziger Jahren kamen immer öfter auch Leute aus Westdeutschland und Westberlin. Die hatten nur Pech, wenn ihr Besuch auf einen Sonntag fiel. „Was ist denn hier los? Wegen Reichtum geschlossen?!" Selbst Helmut W., Mitarbeiter der Ständigen Vertretung in Ostberlin, der zwar bis heute auf die Currywurst vom Kudamm schwört, war gelegentlich bei Konnopke's und immer wieder verblüfft über den Andrang dort. Auch darüber, dass die Currywurst ganz selbstverständlich als Ganze gegessen wurde und vom Teller.

Konnopke's Imbiß, um 1970.

Gleichwohl, West wie Ost – die Esser waren jene, für die diese Buden auf ihren Wegen lagen: zur Mittagspause, nach Hause oder beim Einkaufsbummel, nach dem Kino, nach dem Theater, während oder nach einer durchzechten Nacht. Wenn es nur hinreichend viele über einen hinreichend langen Zeitraum waren, deren Wege sich kreuzten, entstanden Stadtteilmittelpunkte oder Kieze, wurden Currywurstbuden zu Fixsternen im Universum der Alltäglichkeiten.

Die Veränderungen in der Arbeits- und Lebenswelt seit den sechziger Jahren haben es mit sich gebracht, dass der Imbiss auf offener Straße sein Stigma verlor, ein zweifelhaftes Arme-Leute-Vergnügen zu sein. Selbst aus soziologischer Perspektive wurde bald registriert, dass sich dessen Abwertung als „proletarische" Angewohnheit am Modell einer „bürgerlichen" Esskultur orientierte, die in der modernen Gesellschaft nicht mehr Norm setzend sein konnte. Geregelte Tischzeiten für die ganze Familie wurden im unterschiedlichen Rhythmus von Arbeits- und Lebensalltag ihrer Mitglieder eher Ausnahme als Regel. In der bis heute wachsenden Zahl von Ein- oder

Curry mit Darm bei Curry 36.

Zwei-Personenhaushalten wird kaum noch selbst gekocht, man isst unterwegs oder bringt sich von dort etwas mit. Schon 1970 hielt eine Statistik für Charlottenburg fest, dass 49,9 Prozent aller Privathaushalte Singlehaushalte waren. Der Imbiss unterwegs als bevorzugte Alternative zum Essen am häuslichen Tisch steht seither auch für die gewachsene Mobilität und Flexibilität von Großstadtbewohnern.

Hat man übrigens schon mal gesehen, dass jemand ein Dutzend Bockwürste, Wienerwürste oder Bouletten an einer Bude kauft und frisch verpackt für die Kollegen im Betrieb oder für die Familie zu Hause mitnimmt? Für die Currywurst ist das lange schon Tagesordnung. Auch weil es immer mehr Familien gibt, die es sich nicht leisten können, essen zu gehen.

Geblieben ist allerdings eins, wenn auch nur im Westen: Vor dem Essen Hände waschen! Weil das aber unterwegs schlecht möglich ist, gab es dort diese lustigen bunten Piker – und jede Menge Plastikmüll. Nun ja, nicht bei Krasselt's in Steglitz, denn dort

Curry ohne Darm bei Curry 36.

werden schon immer Holzstäbchen in die nur zweigeteilte Wurst gepiekt. Aber bei Curry 36 gab es die geschnittene Wurst mit Plastikgabeln ebenso wie bis Ende 1989 am Kudamm 185. Und plötzlich wurde die Mauer geöffnet.

Echt Ost? Echt West? Echt Berlin?

Selbst wenn Konnopke's am späten Abend des 9. November 1989 nicht sowieso geschlossen gewesen wäre: Da hätte sich keiner mehr angestellt. Wer in der Nähe wohnte und wissen wollte, ob stimmte, was Günter Schabowski eben vor laufender Kamera gesagt hatte, stürmte zur Bornholmer Brücke. Wer einen Trabbi hatte, hupte sich von dort auf direktem Weg zum Kudamm, dem Inbegriff von Westberlin. „Wir kamen gar nicht nach mit dem Braten", so Gregor Bier. Geld hin, Geld her; wer mit Ostgeld bezahlen wollte,

hat es gekonnt. Der erste dieser Zwanzigmarkscheine, die er in jener Nacht einnahm, hängt seither eingerahmt neben dem Tresen. Vor allem aber wurde viel verschenkt. Jedenfalls am ersten Abend und auch noch an den Tagen darauf. Am Sonntag war sogar der gesamte Kudamm für den Autoverkehr gesperrt und glich einem riesigen Volksfest. Roland Dietl wundert sich bis heute, wie verrückt die Kinder nach Pommes waren.

Lutz Stenschke von Curry 36 wunderte sich am 10. November morgens um fünf auch ganz schön, als ihn nämlich sein Fleischer anrief und fragte, ob er an diesem Tag auch Ostgeld nehmen würde. Die friedliche Revolution war am Abend zuvor nicht bis zum Mehringdamm gekommen. Aber bei Curry 36 hätte man sie auch dann nicht bemerkt, wenn Lutz Stenschke die Maueröffnung nicht im wahrsten Wortsinn verschlafen hätte, denn dort war zu jener Zeit um zehn Uhr abends Schluss. Zufällig hatte er sich an diesem Abend mal früher als sonst ins Bett gelegt. Dass es so schnell gehen würde, hat ja nicht nur er nicht geahnt. Also schaltete er jetzt erst einmal den Fernseher ein, weil er nicht glauben konnte,

Menschenkette neben Konnopke's Imbiß, 3.12.1989.

was ihm sein Fleischer da gerade erzählt hatte. Himmel, der Mann hatte Recht! Den großen Andrang vor Curry 36, der sich schnell einstellte, hatte er trotzdem nicht erwartet. Im Umfeld der Bude lagen genug Banken, die das Begrüßungsgeld ausschütteten, und so kam man auch hier mit dem Braten gar nicht hinterher. Lutz Stenschke holte den Nachschub von seinem Fleischer selbst ab. Dass manche Wurst noch halb kalt über den Tresen ging, machte ihm aber weniger aus als das Verlangen der Kinder nach Coca Cola, Fanta und Sprite, die sie aus der Werbung kannten. Dass sie von ihren 100 DM Begrüßungsgeld 1,50 DM für eine Cola hätten hergeben müssen, war ihm unangenehm. Deshalb riet er den Eltern, die Getränke doch lieber vorher im Supermarkt zu kaufen. Vierzehn Tage lang war der Mehringdamm voll und in Feststimmung. Und weder hier noch am Kudamm wird sich ein Ostberliner oder Ostdeutscher darüber gewundert haben, dass die Currywurst im Darm und geschnitten auf der Pappe lag. Die hatten Wichtigeres zu tun.

Im abgelegenen Steglitz hat man vom Tanz durch die Mauer anfangs nicht so viel gemerkt. Harald Köhring war das nicht unrecht. Er stammt aus einem kleinen Ort in Sachsen-Anhalt und hatte die DDR Ende der fünfziger Jahre mit tiefster Ablehnung hinter sich gelassen. Weil er auch später nichts erlebte, was sein Urteil hätte mildern können, war er alles andere als begeistert über die Grenzöffnung und zählte zu den Ersten, die sich den Wiederaufbau der Mauer wünschten – und zwar höher als je zuvor.

Es hat eine Weile gedauert, ehe sich bei Konnopke's wieder Schlangen bildeten. Trotzdem war hier viel schneller als in Westberlin zu erkennen, wenn Kunden aus dem anderen Teil der Stadt kamen. Dafür musste man nicht erst deren Kleidung mustern oder ungewohnte Umgangsformen interpretieren. Wer eine Currywurst bestellte und dann verblüfft auf das ungeschnittene Ding ohne Darm vor seiner Nase starrte, war definitiv „nicht von hier". Viele von ihnen haben sich beschwert. Deshalb hat Mario Ziervogel eine Maschine zum Wurstschneiden angeschafft und die Speisetafel neu beschriftet. Wo seit 1960 einfach „Currywurst" gestanden hatte, stand nun „Currywurst ohne Darm". Ganz Hartnäckige fragten trotzdem nach Currywurst mit Darm. Schließlich stünde nicht ausdrücklich an der Tafel dran, dass es die hier nicht gäbe. Also änderte er die Aufschrift noch einmal in „Currywurst nur ohne Darm". Wer selbst danach noch eine Currywurst mit Darm haben wollte, bekam eben eine Bratwurst, denn die gab es bei Konnopke's schon immer mit Darm. Nur denen, die nach einer Tofu-Currywurst fragten, konnte und wollte nicht geholfen werden, obwohl sich nach der Wende in der unmittelbaren Umgebung immer mehr neue ökologisch bewusste Anwohner fanden, die zwar kein Fleisch aßen, aber trotzdem richtige „Prenzl'berger" werden wollten. Aber auch diese Szene hat sich inzwischen entspannt. Schließlich sind die Eigentumswohnungen um den nahe gelegenen Kollwitzplatz herum jetzt so teuer geworden, dass dort auch ökonomisch bewusste Leute hingezogen sind, die sich gelegentlich eine Currywurst bei Konnopke's gönnen.

Die Bewohner des ehemaligen Arbeiter- und späteren Szene-Bezirks hat sich seit 1990 zu etwa neunzig Prozent ausgetauscht. Die Schönhauser Allee markiert jetzt eine Schwelle zwischen zwei sehr verschiedenen Milieus: einerseits ökologisch bewusste, gut verdienende bzw. aus bestem Hause stammende Einwohner, andererseits eine Szene, die den permanenten Neustart-Modus, den Wechsel und das Flüchtige jeden Tag aufs Neue inszeniert. Allerdings schätzen Anwohner in der Oderberger Straße, dass sich hier inzwischen, zwanzig Jahre nach der Wende, ein neues Klima von Nachbarschaftlichkeit herausgebildet hat. Ob ihr Protest gegen eine nun auch dieser Straße drohenden Gentrifizierung etwas ausrichten kann, wird sich in den kommenden Monaten zeigen. Konnopke`s Imbiß liegt buchstäblich dazwischen. Seine Kundschaft komme von beiden Seiten, sagt Mario Ziervogel. Ein paar Alteingesessene sind auch noch darunter. Allerdings sei ein neuer Trend nicht zu übersehen: Wer Arbeit hat und Geld für eine Currywurst ausgeben will, arbeitet bis zum späten Abend, wenn die Bude schon geschlossen ist. Als Konnopke's den Samstag als Öffnungstag einführten, haben sich diese Anwohner gefreut. Sie kommen jedoch selten, weil ihnen an diesem Tag die Schlange zu lang ist. Wer aber keine Arbeit hat, gibt nicht mal für eine Currywurst Geld aus. Der größte Teil der Kundschaft setzt sich jetzt aus Touristen zusammen. Vor allem samstags kann man das sehen: Da ist bei Konnopke's die Hölle los. Immer wieder wird Mario Ziervogel gebeten, etwas über seine Bude, seine Wurst und den Prenzlauer Berg zu erzählen; man komme aus München, Hamburg, London, Rom usw. und sei eigens deswegen hier. Aber wie soll das gehen, wenn die Schlange an die hundert Meter lang ist?

Berlin, nach dem Krieg von der Landkarte attraktiver Reiseziele verschwunden wie einst Atlantis im Ozean, verzeichnet seit 2009 im Unterschied zu Rom, London, New York und Paris einen Zuwachs an Touristenbesuchen. Berlin gilt als Weltstadt, die nicht die Welt kostet. Sie hat den Ruf, hip, cool und trendy zu sein. Dieses Image wird gepflegt. Noch. Und weil es Touristen in die Gegenden zieht, in denen sowohl Geschichte als auch Neues zu entdecken ist, verdichten sich ihre Ströme derzeit vor allem in Prenzlauer Berg, Mitte, Friedrichshain und Kreuzberg. Die Modernisierungswelle schwappt hinterher und bewegt sich gerade auf Friedrichshain und Kreuzberg zu, wo es noch immer Wohnungen mit Ofenheizung und Toilette auf halber Treppe gibt.

Curry 36 hat auf ähnliche Weise von der Wende profitiert, wie niemand besser wissen kann als Lutz Stenschke und seine Angestellten. Der Mehringdamm hat sich enorm belebt. Kreuzberg ist nun auch für Touristen interessant geworden, die sich nicht nur für das von den Medien gepflegte chaotische Image von SO 36 interessieren. Zudem ist der U-Bahnhof Mehringdamm zum Umsteigebahnhof ausgebaut worden. Wer hier aussteigt, um umzusteigen, steigt auch schnell mal die paar Treppen bis zu Curry 36 hoch. Dass der Flughafen Tempelhof stillgelegt worden ist, hat nicht dazu geführt, dass der Verkehrs- und Kundenstrom sich beruhigt hat – im Gegenteil. Auf dem ehemaligen Fabrikgelände, das direkt gegenüber von Curry 36 liegt, haben sich nach der Wende Sportstudios, Tanzstudios und Künstlerwerkstätten aus eigener Kraft ein höchst attraktives Unterkommen geschaffen. Dort herrscht immer reger Betrieb. Bleibt abzuwarten, ob der neue Großinvestor dieses Anwesens daran etwas ändert. Seit 2000 hat auch das BKA-Theater seine Zelte am Mehringdamm 34, gleich neben Curry 36, aufgeschlagen. Wie hungrig der Besuch auf der anderen Seite des Damms macht, zeigt ein etwa vier Meter breiter Trampelpfad, den sich Tänzer, Sportler und Künstler quer über den begrünten Mittelstreifen gebahnt haben, um auf direktestem Weg zur Currywurst zu gelangen, mit und ohne Darm, sogar gebrüht aus dem Kessel, jedenfalls immer geschnitten. Seit 1994 ist von neun Uhr morgens bis sechs Uhr morgens an jedem Tag der Woche geöffnet.

Mittags bei Curry 36.

Veränderungen sind auch am Kudamm 185 eingetreten.
Die erste und größte geht jedoch nicht auf die politischen Umwäl-
zungen zurück, sondern auf einen folgenschweren Brand, der das
wunderschöne Gebäude im Gründerzeitstil am 16. Dezember 1989
zerstörte. Sieben Menschen sind dabei zu Tode gekommen. Nach
dem Bericht der „Berliner Morgenpost" vom Montag darauf ging die
Polizei von Brandstiftung aus. Ein Hilfsangestellter des Hotels Cen-
tral, das im Haus lag, habe das Feuer im angetrunkenen Zustand
verursacht. Der Imbiss war erst 1985 vom Vorgarten ins Haus
selbst umgezogen und in der Ausstattung auf den neusten Stand
gebracht worden. Was davon übrig blieb, bot ein Bild des Jammers.
Einzig zwei Flaschen „Fürst von Metternich", die unversehrt auf
einem durch die Decke herabgefallenen Schuttberg lagen, hat Roland beherzt gerettet. Klaus-Peter Bier hat Angestellte wie Roland,
die er nicht in seinen zwei anderen Imbissen unterbringen konnte,
erst einmal ausbezahlt und ihnen so den Weg zum Arbeitsamt er-
spart. Der Schock war ohnehin schon groß genug, und das so kurz
vor Weihnachten.

Brand am Kurfürstendamm 185, 16.12.1989.

Klaus-Peter Bier hat gesucht und einen neuen Standort gefunden; zehn Monate später feierte der Imbiss zehn Häuser weiter als Kudamm 195 seine Neueröffnung. Die Presse war voller Lob. Alles sei jetzt noch edler als zuvor und, wie die „Süddeutsche Zeitung" im Januar 1996 schwärmte, nicht mehr nur eine „winzige Imbiß-Bucht, sondern eine geräumige, hellerleuchtete, im Winter beheizte Stehhalle" und so gut belüftet, dass die Damen nicht um Fettdünste im Pelz besorgt sein müssten. Dass dieser Standort allerdings von der Wende profitiert hätte, könnte nur behaupten, wer mit geschlossenen Augen den Kudamm entlanggeht. Seit Anfang der achtziger Jahre ein Dauerstreitobjekt – zu viel Luxus, zu viel Kommerz, zu viele Imbissbuden, zu hässliche Neubauten – schien es bald, als hätte der Westteil Berlins sein altes Herz vergessen, als läge der Kudamm im Koma. Bei Tag und bei Nacht.

Um erstmal nur beim Tag zu bleiben: Der neue Zustrom von finanzschwachen Besuchern aus der gerade untergehenden DDR und Osteuropa sorgte dafür, dass die Mieten nach oben schossen und preiswerte Ketten, die sich diese Mieten leisten konnten, auf den Boulevard drängten; renommierte Geschäfte verließen ihn jedoch, weil sie seinen Niedergang befürchteten. International agierende Filialisten hingegen siedelten sich dort an, weil man der Stadt ein gigantisches Bevölkerungswachstum vorhersagte. Louis Vuitton, Cartier, Chanel, Bulgari, Gucci und Longchamp zogen von der Fasanenstraße in großzügig geschnittene Flagshipstores auf dem Kudamm. Seit Ende der letzten Jahrhundertwende macht der Boulevard einen geteilten Eindruck. Zwischen Fasanenstraße und Breitscheidplatz tummeln sich billige Boutiquen und Ketten; die meisten der Schauvitrinen stehen leer. Touristen verlassen ihre Züge auch nicht mehr am Bahnhof Zoo, sondern am Hauptbahnhof in Mitte. In der entgegengesetzten, stadtauswärts gewandten Richtung steht die Orientierung auf ein gehobenes Publikum mit überdurchschnittlicher Kaufkraft im Vordergrund. Dort ist es seit der jüngsten Finanzkrise merklich ruhiger geworden.

Hier billig und belebt; dort teuer, aber unbelebt und erst recht nicht boulevardesk. Viele der attraktiven Straßencafés, die den Kudamm noch in den 1980ern wie Perlen säumten, sind verschwunden. Zwar hat ein Umdenken im Hinblick auf den Erhalt und die Pflege historischer Fassaden eingesetzt – das Haus Kudamm 185 etwa wurde nach dem Brand saniert und nicht, wie dessen Besitzer eigentlich wollte, abgerissen. Aber der gesamte Boulevard wirkt seltsam unentschlossen, lädt kaum zum Flanieren ein. Dies ist auch eine Folge der Subventionsmentalität, denn die ehedem am Kudamm ansässigen Geschäfte hatten nicht lernen müssen, um Kunden zu werben. Das kann nicht mal ein Imbiss wie Kudamm 195 ausgleichen. Berlin hat mit der Öffnung der Mauer neue Zentren hinzugewonnen. Einkaufsbummler und Touristen drängen sich seither auf der Straße Unter den Linden, in der Friedrichstraße, am Gendarmenmarkt, in der Oranienburger Straße, rund um die Hackeschen Höfe – also in der Neuen Mitte, wohin nach dem Mauerfall enorme Gelder flossen und seither Büro- und Geschäftshäuser in Windeseile aus dem Boden gestampft wurden. Klaus-Peter Bier allerdings ist zuversichtlich: Das werde sich wieder ändern. Zustimmung, natürlich, denn nur vom sich-Ändern lebt Berlin. Im Oktober wird er mit seinem Imbiss an die andere Ecke des Bürohochhauses umziehen, um nach Abschluss der Sanierung an den alten Standort zurückzukehren. Die Kosten der vollständigen Modernisierung werden von einem attraktiven Mietvertrag mit dem Eigentümer des Hauses abgefedert.

  1995 ist zur Bude in der Kantstraße 7 eine weitere Filiale hinzugekommen: Der Imbiss am Bahnhof Friedrichstraße, auf den Vater und Sohn besonders stolz sind. Er ist zwar klein, aber er ist schick, und er läuft hervorragend. Wer vom Bahnhof Friedrichstraße aus auf die Reise durch die Stadt geht, wird von diesem Imbiss angelockt; hier ist durchgehend Betrieb. Daran, dass die Currywurst im Darm in dieser Filiale nur zögernd auf Zuspruch stieß, zeigt sich, dass sich die Liebe zur Currywurst im Ostteil der Stadt von der im

Westteil unterscheidet. Noch immer macht sie dort nur ein Viertel der verkauften Würste aus.

Selbst bei Krasselt's im vom Zentrum weit entfernten Steglitz, dessen Kundschaft sich zu etwa achtzig Prozent aus Stammkunden zusammensetzt, hat sich seit 1990 etwas verändert, weil seit dem Fall der Mauer Anwohner aus Potsdam und Umgebung hinzugekommen sind. Darunter auch Firmen, die dort ihren Mittagsimbiss in dicken Pakten abholen.

Das vereinte Berlin isst Currywurst, mit und ohne Darm, als Bockwurst, Dampfwurst oder Brühwurst. Überall jedoch geschnitten. Für den Schriftsteller Jakob Hein hat diese Tatsache einen ganz klar medizingeschichtlichen Hintergrund: „Teile des U-Bahnnetzes verkehren überirdisch, und unter den Gleisen stehen bis heute Imbissbuden. Wenn die Arbeiter von der Schicht kamen, sich noch schnell eine Bockwurst kauften und dann auf den Gleisen ihren Zug herannahen hörten, kam es mitunter dazu, dass ein Arbeiter vor Schreck seine bereits an den Mund geführte Bockwurst quasi einatmete und auf der Stelle umfiel. Wenn man jetzt nicht sofort die Bockwurst aus der Luftröhre entfernte, verstarb das Opfer am vom großer Berliner Pathologen Virchow so genannten ‚Bolustod', auch genannt der ‚Berliner Bockwursttod'. Das Phänomen beruht auf einer Nervenreizung. Wenn man die Wurst entfernt, kommt es zur Sofortheilung. Wahrscheinlich deshalb werden die Würste unter den Gleisen heute nur noch gestückelt verkauft." Wenn ein Kult durch die fortgesetzte Verletzung von Konventionen entsteht und eine neue Mehrheit jetzt auf die Idee käme, Currywürste fortan nicht mehr geschnitten, sondern am Stück zu verzehren, so sei an dieser Stelle gewarnt: Das ist nicht ganz ungefährlich. Man sollte sich also lieber nicht davon beeindrucken lassen, dass Werner Siegert für seinen „Weißwurst Knigge" beobachtet hat, wie Münchner neuerdings die Weißwurst in

Stücke schneiden und dies von Umstehenden als prolohafte Curry-Wurst-Methode verachtet wird.

Seit die Stadt auf der Suche nach ihrer neuen Gesamtberliner Identität ist, hat die Currywurst den Rang des kulinarischen Wahrzeichens erobert. Dafür sorgten Feste wie „Rettet die Currywurst", das 1997 auf dem Adenauerplatz in Charlottenburg gefeiert wurde. Für das wachsende Prestige der Berliner Currywurst sorgte im selben Jahr eine Debatte in den Feuilletons der Berliner und Hamburger Presse, der sogenannte Currywurststreit, bei dem es um die Frage nach dem Ursprung der Wurst ging. 2003 veranstaltete die „BZ" eine Umfrage, wer die beste Currywurst der Stadt verkaufe, die Krasselt's mit der Goldenen Currywurst für sich entschied. Udo Walz überreichte die Trophäe. Bier's Kudamm 195 errang den zweiten Platz, Konnopke's den dritten.

Das Image der Currywurst hat sich gewandelt: Immer wieder veranstalten Fernsehteams und Starköche Testessen an bekannten Currywurstbuden, die darüber zusätzlichen Ruhm erlangen. Bei Curry 36 merkt man an der Kundschaft, dass der TV-Sender

Krasselt's:
Gabi mit der „Goldenen
Currywurst".

SAT 1 und das Willy-Brandt-Haus ganz in der Nähe liegen; Prominente aus Politik, Kultur und Kunst lassen sich gern an Currywurstbuden fotografieren, um damit ihre Liebe zur Stadt zu unterstrei-
chen – und natürlich zu ihrem Lieblingsimbiss. Roland Dietl hat nicht
schlecht gestaunt, als eines Tages ein Taxi auf dem Vorplatz von
Bier's Kudamm 195 hielt, Udo Walz mit einem Fotografen heraus-
sprang, um sich vor seinem Lieblingsimbiss mit einer Currywurst auf
dem Teller und Roland an seiner Seite für eine Zeitung fotografieren
zu lassen. Roland wenigstens hatte ihn bis dahin noch nicht bedient.
Artikel über die Currywurst und wo in Berlin man sie unbedingt essen müsse, sind Legion in der Berliner, der bundesweiten und der
internationalen Presse. Als 2009 das Deutsche Currywurstmuseum
in der Schützenstraße in Mitte eröffnet wurde, berichteten alle Medi-
en des Landes darüber. Dass die Berliner Currywurst im Zuge dessen auch in die gehobene Gastronomie vorgedrungen ist, versteht
sich also wie von selbst.

Curry Cuisine

Unternehmensberater Karsten F. hatte im April 2009 hochka-
rätigen Besuch von Geschäftsleuten aus Russland, denen er nur
vom Besten bieten wollte. Also lud er die Gäste, die er aus seiner
Moskauer Zeit gut kannte, ins Gourmetrestaurant Vivaldi im Grune-
waldschloss ein. Der Tisch im Kaminzimmer war fürstlich gedeckt;
Damasttücher, feines Porzellan und edles Kristall. Nur wollte es
mit dem Essen nicht so recht klappen, denn die Russen blickten mit
diskretem Verdruss auf Kaviar und Austern. Das kannten sie von zu
Hause, und dort schmeckte es obendrein viel besser. Ehe Karsten F.
ins Schwitzen kommen konnte, kam ihm eine bessere Idee. Flugs rief
er seinen Freund Gregor Bier an und gab eine Bestellung auf. Bin-
nen einer Viertelstunde stand dieser im Kaminzimmer und breitete
dreißig – nicht etwa Teller, nein: Pappen mit Currywürsten, Fleisch-
spießen und Pommes mit Mayo auf der Tafel aus. Ein Strahlen auf
den Gesichtern der Russen. Mit dem allergrößten Vergnügen und

sehr viel Appetit begannen sie zu essen. Der Abend war gerettet. Die Currywurst hatte Austern und Kaviar des Platzes verwiesen.

Gregor Bier überraschte das nicht sonderlich, denn dass die Currywurst bei den Russen auf große Gegenliebe stößt, hatte er schon selbst erlebt, als er im Sommer 2008 auf der Dachterrasse des Moskauer Hotels Ritz Carlton Bier's Currywürste verkaufte. Die Idee dazu war, wie er erzählt, eher ein PR-Gag, auf den er mit Freund Karsten F. gekommen ist. Als Chef der Moskauer Daimler-Chrysler-Niederlassung kannte dieser den Direktor des Hotels. Die Würste gingen weg wie nix, selbst für den stolzen Preis von 22 Euro. Fünfundneunzig Prozent der Moskauer Russen können sich das nicht leisten, aber die anderen fünf Prozent haben mehr Geld als diese alle zusammen. In einer etwa dreizehn Millionen Einwohner zählenden Metropole wie Moskau sind das immerhin ein paar Tausend. Weil das aber auch hieß, dass Gregor Bier immer von

Das Original auf Porzellan.

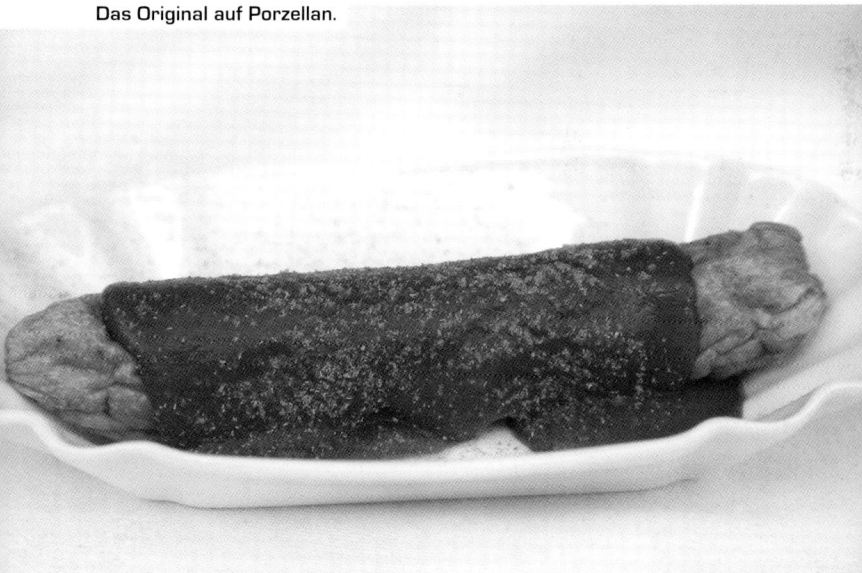

donnerstags bis sonntags in Moskau sein musste, was weder für die
Berliner Filialen noch für seinen Catering Service auf der Insel Sylt
von Vorteil war, blieb es bei nur einem Moskauer Sommer.

Seit Sommer 2010 testet Lutz Stenschke, wie die Currywurst in seinen beiden gehobenen Hotels auf Rügen ankommt. Sein
dortiger Küchenchef hat immerhin einen Preis von 8,90 Euro kalkuliert. Bange zu sein braucht ihm aber gewiss nicht, denn selbst
Matthias Buchholz, Starkoch vom First Floor im Palace Hotel, hat die
Wurst von Curry 36 mit Erfolg in seinem Restaurant angeboten.
Harald Köhring, der Inhaber von „Krasselt's" beliefert schon seit
vielen Jahren das Hotel König auf der Nordseeinsel Norderney mit
monatlich fünf- bis sechstausend Würsten und sieben bis acht Ei-
mern seines Ketchups.

Immer mehr Berliner Restaurants der gehobenen Klasse
holen die Currywurst auf ihre Speisekarte: Curry & Kunst in der
Rosenthaler Straße (Mitte), das Theodor Tucher am Brandenburger
Tor oder das Restaurant Quarré im Hotel Adlon. Das Restaurant
Zander in der Kollwitzstraße verführt seine Kunden mit einer „Currywurstinszenierung". Dahinter verbirgt sich der Verkauf von Currywürsten auf dem Markt am Kollwitzplatz und dem am Hackeschen
Markt. Roland Albrecht und Sohn Sven stammen zwar aus Thüringen, träumten aber seit sie in Berlin leben vom Verkauf einer ordentlichen Currywurst. 2003 war es dann so weit. Sie tauften das Unternehmen „Curry & Schampus" und freuten sich über den regen
Zuspruch der Marktbesucher, auf den ihre Currywurst ohne Darm
– später sogar mit Blattgold – stieß. Dazu reichte man Pommes
frites mit Trüffelmayonnaise, zusätzlich bestreut mit gehobelten
Trüffeln. Auch der Champagner dazu ging bestens. Weil das Beispiel
aber Schule zu machen drohte und erste Nachahmer fand, sicherte
sich Roland Albrecht 2008 die Marke „Curry & Schampus" beim
Deutschen Patentamt, mit Urkunde und Amtsnummer. Wenige
Wochen später erhielt er ein Schreiben des „Comité Interprofessio-
nel du Vin de Champagne", das auf dem internationalen Markt über

die Interessen der französischen Champagnerwirtschaft wacht. Den Duval-Champagner „Schampus" zu nennen, wie man das in Berlin halt so macht, war sakrosankt und wurde sofort verboten. Bei Zuwiderhandlung: 10.000 Euro Strafe. Seitdem heißt der Spaß „Currywurstinszenierung", und statt Champagner gibt's einen soliden Rieslingsekt vom Weingut Raumland aus der Region Rheinhessen.

Wer also in Berlin eine Currywurst essen will, findet die nur denkbar breiteste Vielfalt an Möglichkeiten. Das ist kein Naturgesetz, sondern immer Arbeit. Seitdem an jeder Ecke Fast-Food-Angebote zu haben sind – von Pizzabäckern, Dönerbuden, Thai-Foods, Grillwalkern, McDonald's oder Burger King –, müssen sich Currywurst-Budenbetreiber schon was einfallen lassen, um ihre Kunden anzulocken, sie glücklich zu machen und an sich zu binden.

Curry statt Torte

Noch ist es früher Nachmittag. Trotzdem rollt schon dichter Berufsverkehr auf die Kreuzung Mehringdamm/Yorckstraße zu. Noch etwa eine Stunde, und dann wird der Stau an der Ampel zurück bis zum LPG-Supermarkt an der nächsten Kreuzung reichen. Wer jetzt hier unterwegs ist, findet jedoch Trost. Er braucht nur kurz den Blick zu heben, schon springt ihm die leuchtend rote Schrift von Curry 36 ins Auge. Die dicken Buchstaben sehen sympathisch und irgendwie frech aus. Allein das weckt schon entsprechende Erwartungen.

„Wenn ich nur wüsste, warum ich mich hier immer wieder anstelle", sagt eine Frau in der Schlange zu ihrer Nachbarin. „Hier ist's immer voll, hier ist's immer laut, nie kriegt man einen Parkplatz. Und trotzdem muss ich mindestens einmal die Woche hier anhalten, wenn ich von der Arbeit komme. Da steh' ich nun und kann nicht anders."

Das ist natürlich reine Rhetorik. Trotzdem hat sie Recht: Hier ist es voll. Aber warum nur vor dem einen der beiden offenen Fenster? Plötzlich ruft es aus dem zweiten: „Essen is fertich!" Und schon kommt Bewegung in die Schlange. Denny vergleicht seine Arbeit gern mit Autofahren: Vorausschauend handeln. Wenn die Kunden beim Schlangestehen ebenso ans Autofahren denken würden, kämen sie womöglich auf die Idee, dass man auch beim Anstehen das Reißverschlussprinzip nutzen kann. Es sieht aber so aus, als würden die meisten Anstehenden ganz und gar nicht darüber nachdenken, wie sie am schnellsten an die Wurst kommen. Manche dösen einfach vor sich hin, den Blick ins Unbestimmte gerichtet.

Andere plaudern mit ihren Nachbarn oder beobachten, was um sie herum los ist. Es gibt genug zu sehen und zu hören: Was tut sich auf der Straße? Was haben die Leute an den Tischen vor sich? Worüber reden die, die in Gruppen gekommen sind? Und vor allem: Was kommen da für flotte Sprüche übern Tresen? Da vorne haben gerade wieder welche gelacht! Denny, vor dessen Fenster sich plötzlich ein Knäuel gebildet hatte, muss für Ordnung sorgen, weil sich einer ganz vorn anstellen wollte: „Wat willst'n du hier? Hier wird nich jemogelt." „Is das hier nicht das Ende der Schlange?" „Nee, dit is direkt hinter den Leuten hier vor deiner Nase! Oder denkste, dit is mein Fanclub?" So, wie Denny das sagt, muss auch der Belehrte lachen. Und keiner findet ihn doof, alle lachen mit. Deshalb hat Peggy, die am ersten Fenster bedient, jetzt ihren Auftritt. Der vor ihr Stehende war abgelenkt und guckt sie nur überrascht an. „Hallöchen! Na, wat darf's denn Leck'ret sein? Ne Curry mit oder ohne Darm? Scharf oder normal? Mit Zwiebeln? Mit Brötchen oder mit Pommes? Pommes groß oder klein? Mit Ketchup, Mayo oder Salz oder mit allem?" Indem sie das ganze Programm runterrattert und mit der Wurstzange schon in die Pfanne neben sich greift, bestellt der verblüffte Kunde: „Eine Curry mit und einmal Pommes rot/weiß, groß." „Hab ick's mir doch jedacht! Bitte schön", trällert sie und schiebt ihm das Gewünschte auch schon zu. Den Preis hat Peggy im Kopf, so wie sie alle Preise im Kopf hat, denn hier gibt's keine Kasse. Die breite Arbeitsfläche links neben ihr ist besetzt mit zwei Pfannen; eine für Curry mit, die andere für Curry ohne Darm. Beide voll belegt, in jede passen fünfundvierzig Würste. Rechts von ihr steht die Pfanne mit Zwiebeln. Daneben schmurgeln Fleischspieße in einer Kasserolle, und ganz außen links ist ein Kessel in die Arbeitsplatte eingelassen. Er ist innen unterteilt, so dass die Bouletten und Currywürste, die nicht gebraten, sondern gekocht werden, getrennt voneinander garen. Wer davon bestellt, outet sich als Insider, denn die stehen nicht auf der Speisetafel. Gekochte Currywürste und Bouletten hat der Wurstmaxe verkauft, der hier bis 1980 seinen Stand hatte. Er durfte nicht braten und hatte auch gar nicht die entsprechende Ausrüstung. Es gibt aber immer noch Kunden, die ausschließlich wegen dieser Spezialität hierher kommen und dies gern als Geheimtipp weiterempfehlen, denn die bekommt man nur hier. Stammkunde Ralf O. versucht gerade einer Gruppe Italiener, die mit ihm am Tisch steht, zu erklären, was er da vor sich hat: Seine heiß geliebten gekochten Currybouletten. Weil es aber mit der Verständigung nicht so recht klappen will, spießt er einfach ein Stück auf den Piker und hält es seinem Gegenüber vor den Mund. Der schnappt sich's und ist begeistert. Ralf auch, denn schließlich ist er Anfang der achtziger Jahre mal eigens wegen dieser Bouletten an einem Tag von Lübeck nach Berlin und wieder zurück gefahren. Sein Verlangen hatte sich während der Arbeitswoche fern von zu Hause schier zur Gier gesteigert. Also rein ins Auto und auf zum „Nackte-Mäuse-Mann", wie er den Wurstmaxen wegen dieser Bouletten immer nannte.

    Hinter Peggy passt Micha die Momente ab, in denen sie sich nach hinten wendet, um Getränke aus dem Kühlschrank zu neh-

Peggy und Denny von Curry 36.

men oder dicke Kleckse Mayo auf die Pommes zu pumpen. Er bückt sich dann rasch, um frische Würste aus den Kühlfächern unter der Arbeitsplatte zu nehmen und die Pfannen nachzufüllen. Wenn es vor den Fenstern so voll ist wie jetzt um halb drei – und das wird sich bis tief in die Nacht nicht ändern –, sind immer zwei Helfer im Hintergrund, die mit anpacken. Die Hoheit über die Würste, Spieße und Bouletten haben Peggy und Denny an ihren Fenstern. Alles andere aber scheint nach einem geheimen Plan abzulaufen. Denn ob die beiden auch die bestellten Zutaten heranholen – etwa Kaffee, Getränke aus dem Kühlschrank, Pommes, selbstgekochte Erbsen- oder Kartoffelsuppe – oder ob das einer der beiden Helfer übernimmt, hängt ganz von der Situation ab. Die kann man allerdings bei diesem Andrang und dem Lärm von der Straße nicht lang besprechen.

Man könnte dem Tanz hinterm Tresen stundenlang zugucken.

Viele würden das wohl auch gern tun, denn immer wieder passiert es, dass Kunden gar nicht damit rechnen, nach ihrem Wunsch

Das erste Firmenschild.

gefragt zu werden. Vor Denny steht gerade einer, der erstmal die Speisetafel studiert. „Na, brauchste 'ne Brille? Oder willste wen anrufen?" „Ach, ich nehme das, was der vor mir hatte." „Dit jeht nich, der is schon weg damit", schnoddert Denny zurück. „Welche ist'n eigentlich die originale Curry?" „Dit ist die ohne Darm. Willste die?" „Die stammt aus'm Osten, oder?" „Blödsinn! Die stammt von Herta Heuwer, und als die die erfunden hat, jab's noch keene Mauer. Is also janz klar 'ne Berliner Erfindung." In der Schlange beschwert sich eine Frau, weil es nicht voran geht. Denny streckt den Kopf durchs Fenster, lächelt sie an und fragt: „Steht da oben etwa Schnellimbiss dran?"

Das steht da natürlich nicht dran. Da steht Curry 36 dran, aber auch das hat schon für Irrtümer gesorgt. Peggy erzählt eine Geschichte, als sei sie erst gestern passiert. Dabei liegt sie schon Jahre zurück; es wurde noch in DM bezahlt, und es war ein Sonntag. Der Kunde, ein Tourist aus den USA, bestellte eine Currywurst, und noch ehe sie den Preis nennen konnte, hat er 36 DM auf den Tresen geblättert. Wie er denn darauf käme, hat sie ihn gefragt. Mit

Beim Karneval der Kulturen 2009.

ausgestreckter Hand hat der dann auf die Schrift über ihrem Kopf gezeigt. „Mit Händen und Füßen hab ick versucht, dem zu erklären, det dit die Number von dem Haus hier is. Für sechsunddreißich Mark müsst ick die Dinger doch nackend servieren!" Aber so ist das manchmal mit den Aufschriften. Als Coca Cola mit der Werbung rauskam, „enjoy your feels", hatte sie das an die Tafel geschrieben. Prompt kam eine ältere Kundin und verlangte „einmal enjoy".

Wenn vormittags noch nicht so viel Betrieb ist, werden den Kunden, die gern ein bisschen schwatzen wollen, solche Geschichten erzählt. Lutz Stenschke ist sich sicher, dass viele kommen, weil sie wissen, dass sie an seiner Bude rund um die Uhr bestens unterhalten werden. Peggy, Denny und alle anderen wissen aber auch ganz genau, mit wem sie welche Späße machen können. Auch, wann das „Du" angebracht ist oder vielleicht doch lieber ein „Sie". Manchmal macht sich so eine Art Mischung von beidem gut: „Wat hamm' wa denn heute für Wünsche?" So was lernt ein guter Verkäufer schnell. Als Peggy, die gelernte Fotolaborantin, sich 1994 von ihrer Schwester Vera Stenschke aus dem Labor heraus hinter die Currywursttheke locken ließ und ihr Schwesterherz seither auch als ihre Chefin liebt, war sie anfangs ein bisschen irritiert über Dennys manchmal derbe Sprüche. Wenn der etwa zu einem Kunden sagte, dass er heute nur ranzige Würste hätte, und der Kunde dann konterte: „Her damit, du alte Curryschlampe!", zuckte sie zusammen. Dann hat er ihr den Arm um die Schulter gelegt und erklärt, dass der Kunde einer war, der ihn schon als kleinen Jungen kannte. Er ist ja hier aufgewachsen und kennt viele als ehemalige Nachbarn. Peggy, die sich erst gar nicht vorstellen konnte, dass Würste verkaufen Spaß macht, merkte das aber ganz schnell und liebt ihren Job seitdem. Schlagfertig ist sie sowieso und derb werden kann sie auch. Apropos schnell: Micha schlängelt sich zwischen den Essern vor der Bude hindurch, die wie auf Kommando blitzschnell ihre Pappen hochheben, damit er die Tische abwischen kann. „Danke. Weiteressen." Wer ihm nachsieht und wissen will, ob die am Nachbartisch das auch lustig finden, verpasst aber, was unterdessen hinterm Tresen vor sich geht. Es ist drei Uhr. Das bedeutet Ölwechsel für die Pfannen und Schichtwechsel für die Mitarbeiter. Im Handumdrehen ist die Szene neu besetzt, und jetzt ist auch das mittlere Fenster geöffnet. Dahinter steht Melli, rechts von ihr Tobi, links von ihr Sven. Julian und Daniela halten sich im Hintergrund bereit. Der Chef nennt sie „unsere jungen Wilden". Und alle fünf sehen aus, wie frisch gebügelt. Kann sein, dass sie auch heute wieder die Hits im Radio mitsingen, denn in dieser Schicht geht alles mit Musik. Es sei denn, der Chef ist gerade da.

Wer nichts wird, wird Wirt?

Wenn Lutz Stenschke zu seinen Mitarbeitern sagt: „Wir arbeiten zielführend und ergebnisorientiert, ohne schuldhafte Verzögerung dem Gast gegenüber", dann sagt er das zwar lächelnd, ein Scherz ist es aber nicht. Er hat mehr als zehn Jahre selbst an den Pfannen

Inhaber von Curry 36:
Lutz Stenschke, 2010.

gestanden, ehe er sich auf die Arbeit hinter den Kulissen konzen-
trierte, auf die ganze administrative Geschäftsführung also. Er weiß,
was seine Leute jeden Tag leisten und leisten müssen. Vera, seine
Frau, hat über vierzehn Jahre im Imbiss mitgearbeitet. Seitdem
ist sie diejenige, die immer ein offenes Ohr hat, wenn sich unter
den Kollegen mal was anstaut. Das ist nun nicht gerade an der
Tagesordnung, aber selbst in bestens aufeinander eingespielten
Teams kann es unter dem Stress, der bei vollem Betrieb herrscht,
zu Missverständnissen und Ärger kommen. Vera Stenschke ist die
Vertrauensperson, die von allen geduzt wird, die Abgeladenes für
sich behält, die zuspricht, besänftigt und mit ihrer herzlich direkten
Art – „kurz und knackig" – Druck raus nimmt, wo er nichts zu suchen hat.

Immer wieder kriegen Wurstverkäufer zu hören, dass es
ja nicht die Welt sein könne, die paar Würste zu verkaufen. Vielleicht
muss das jenen, die so denken, auch wirklich so vorkommen. Denn

Inhaberin von Curry 36: Vera Stenschke, 2009.

sie sagen, was sie wollen, und das Gewünschte steht im Handumdrehen vor ihnen. Was so schnell geht, erscheint nicht weiter
schwierig, so als könnte das jeder.

Ganz so einfach ist die Sache aber nicht, denn es gehört
weit mehr dazu als das, was die Kunden sehen können. Und selbst
dann: Wer nimmt sich schon die Zeit, auf jeden Handgriff zu achten?
Es fällt doch nur auf, wenn etwas nicht klappt, etwa wenn die Wurst
sich dem Zugriff von Zange und Messer entwindet und von der
Pappe floppt, wenn dem Verkäufer die Pommes beim Auftun runter-
fallen oder er die Currysoße so dick draufgibt, dass sie dem Kunden
über die Hände läuft, wenn also ein Anfänger zu Werke geht.

Es geht jedoch schon damit los, dass die Verkäufer ein
Gespür dafür haben müssen, wann mit wie vielen Kunden und welchen Wünschen zu rechnen ist. Nichts aber ist unberechenbarer
als das. Immerhin hat man Erfahrungswerte. Die Kesselware ist
relativ pflegeleicht. Anders die Würste, die zu braten sind. Eine
wirklich gute Wurst im Darm kann bis zu zwei, drei Stunden in der
Pfanne liegen, ohne Schaden zu nehmen; eine darmlose Currywurst
aber ist sensibel. Sie hält die Hitze höchstens zwanzig Minuten aus;
wenn es länger dauert, löst sich die dünne Eigenhaut und das Innere
schrumpft zusammen. Dann schmeckt sie bitter. Auch wenn sie
nicht rechtzeitig gedreht wird, gibt's Wegwerfware. Es kann durch-
aus sein, dass eine Wurst besser schmeckt, wenn mehr Wasser
drin ist als für mittlere Qualität zulässig, denn dann wird sie schön
fluffig beim Braten, oder wenn sie viel Fett enthält, denn Fett ist ein
Geschmacksträger. Das muss aber beim Braten bedacht werden.
Es ist kaum zu glauben, was man an einer Wurst alles verderben
kann. Der Fleischer liefert ja nur das Rohmaterial, der Rest ist Brat-
kunst. Die unterschiedlichen Standvermögen der Würste können
nur dann ausgeschöpft werden, wenn die Hitze in den Pfannen entsprechend reguliert wird. Zwar gibt es Geräte mit unterschiedlichen
Hitzezonen, wie bei Krasselt's eins verwendet wird. Dort steht aus
Platzgründen nur eine Pfanne, in der ein Teil der Würste bei gerin-
ger Temperatur in der Warteschleife gehalten wird, der andere Teil
aber für den sofortigen Verkauf heiß bereit liegen muss. Bei Curry

36, Bier's Kudamm 195 und Konnopke's stehen mehrere Pfannen, deren Hitze auf der gesamten Bratfläche stufenlos geregelt werden kann.

Dieser Unterschied macht sich beim Braten aber nicht bemerkbar, denn in allen Fällen müssen die Würste geschoben werden. Die fertigen nach vorn, die anderen liegen weiter hinten und rücken nach. Ebenso wichtig ist das beständige Drehen der Würste, damit sie gleichmäßig gebräunt werden. Eine darmlose Currywurst – wie gesagt: sensibel – schrumpft auf der Seite, die nicht im Fett liegt, zusammen und sieht schnell unappetitlich aus. Das permanente Drehen der Würste ist also das A und O.

Wer seine Kunden zufrieden stellen will, sollte ziemlich genau abschätzen können, wann mit ihnen zu rechnen ist und ob sie Currywürste mit oder ohne Darm verlangen werden. Dabei sollten die Pfannen immer gut gefüllt sein, denn wenige Würste in den Pfannen sehen leicht nach einem übrig gebliebenen Rest aus. Und wer will den schon. Außerdem bleibt niemand stehen, wenn zehn Würste in der Pfanne liegen und zehn Kunden anstehen. Das sieht nach

Pommes frites bei Curry 36.

Warten müssen aus, bis die nächste Ladung gebraten ist. Auch das ist nicht verlockend.

Man kann den Zustrom der Kunden übrigens auch ein bisschen regulieren, verrät Denny. Wenn mal nicht so viele Leute anstehen, ist das eine Gelegenheit für Mitarbeiter, nach hinten zu gehen und die Arbeiten zu verrichten, die dort anfallen. Etwa Ketch- upbehälter nachfüllen, Wurstpakete für den Außerhausverkauf va- kuumieren, Getränke nachfüllen, frische Ware aus den Kühlhäusern heranholen oder die Kanister mit Altöl für den Lieferanten bereitstel- len, der sie abholt und gegen frisches Öl verrechnet. Es gibt wohl doch eine Faustregel, nach der sich Schlangen bilden. Soziologen haben darüber geforscht, Wurstverkäuter wissen das aus täglicher Erfahrung: Wo nur einige stehen, stellen sich andere dazu. Wo zu viele stehen, gehen andere vorbei. Wenn die Schlange vor Peggys Fenster also gerade die richtige Länge hat, muss Denny schnell wieder an das nebenan gehen.

Zwiebeln in der Pfanne bei Curry 36.

Aber auch die Sache mit den Pommes hat es in sich. Die Friteusen bei Curry 36 werden programmiert. Das heißt, die Pommes werden automatisch im richtigen Tempo auf 175 Grad erhitzt, bis sie kross und knusprig sind. Dann schaltet sich das Gerät ab und der Korb steigt aus dem Ölbad auf. Eine tolle Sache, denn damit ist garantiert, dass die Hitze nicht zu groß wird und sich krebserregende Stoffe in den Pommes bilden können. Als von diesem Risiko in allen Medien die Rede war, hat die Stiftung Warentest unter anderem bei McDonald's, bei Burger King und Curry 36 einen Test durchgeführt. Alle drei haben sehr gut abgeschnitten. Trotzdem dürfen die Pommes nach Ende des Frittiervorgangs nicht sich selbst überlassen werden, denn jeder will sie schließlich frisch, heiß und knusprig haben. Hier sind also – trotz Küchentechnik – Fingerspitzengefühl, Aufmerksamkeit und Geschick gefragt: Wie weit sind die Pommes? Wie viele Kunden stehen an? Und wie viele von ihnen werden Pommes statt Brötchen verlangen? Schließlich will ja keiner länger als unbedingt nötig warten. Friteusen, die nicht zu programmieren sind, wie bei Konnopke's, Krasselt's oder Bier's Kudamm 195, müssen ständig kontrolliert werden. Das ist in den ersten beiden Fällen nicht kompliziert, weil die Zubereitung der Pommes in jeweils nur einer Hand liegt. Bei Bier's Kudamm 195 hingegen wachen alle Diensthabenden über die Temperatur des Pflanzenfetts und das Garen der Pommes.

Dass Fleischspieße, Bouletten und Schnitzel ebenso professionell zubereitet und auf sofortigen Verkauf hin verfügbar gehalten werden müssen, versteht sich von selbst, denn unzufriedene Kunden kommen nicht wieder.

Stammkunde Ralf O. war aber einst aus anderen Gründen unzufrieden und blieb erstmal weg. Lutz Stenschke hatte 2002 gröbere Bouletten bei seinem Fleischer bestellt, weil die feinen nicht gut genug liefen. Ralf trat in einen einjährigen Streik. Als er dann wiederkam, war er hundertprozentig sicher, dass es was genutzt hatte, denn er hätte wetten können, seine gewohnten Bouletten wieder vor sich zu haben. Wie Lutz Stenschke jedoch weiß, sind es die gröberen, und die gehen seit 2002 ums Dreifache vermehrt über den Tresen. Nun sind beide glücklich, denn beide kommen auf ihre Kosten.

Ach ja, bezahlt werden muss ja auch noch. Wo es aus Platzgründen keine Kassen gibt, ist Kopfrechnen angesagt, also bei Curry 36 und bei Krasselt's. Ein guter Imbiss hat ein überschaubares Angebot, ein Kerngeschäft. Die Bestellungen können aber trotzdem ausgesprochen vielfältig und umfangreich sein. Außerdem kann sich der Verzehr vor Ort ausdehnen. Wenn etwa die nette Dachdeckertruppe nach Feierabend zu Krasselt's kommt, wird immer in mehreren Gängen gegessen und erst am Schluss bezahlt. Da laufen dann mehrere Abrechnungen im Kopf parallel. Wer eine Kasse vor sich hat, muss aufpassen, ob die Ware vor Ort gegessen oder mitgenommen wird. Mitgenommene Waren gelten als Lebensmittel, auf die sieben Prozent Steuern entfallen; das vor Ort Verzehrte fällt unter gastronomische Umsätze und wird mit neunzehn Prozent besteuert. Deshalb haben die Kassen entsprechend unterschiedliche Tasten. Wenn es keine Kassen gibt, ist es Sache der Eigentümer, mit dem Finanzamt eine Pauschale auszuhandeln. Man kennt das Finanzamt als eine sehr aufmerksame Behörde.

Aufmerksamkeit erwarten aber auch die Kunden. Sie ahnen oft gar nicht, wie viel. Wenn – um ein einfaches Beispiel zu wählen – jemand kommt und sagt: „Zwei Curry mit Brötchen" und glaubt, er habe damit gesagt, was zu sagen ist, dann ist das weit gefehlt. Erst einmal hat er (oder sie) nicht „Guten Tag", „Hallo" oder „Hi" gesagt. Peggy findet, er (oder sie) könne von ihr aus auch „Thunfisch" sagen, Hauptsache so eine Art Begrüßung. Und dann ergeben sich mehrere Fragen: zwei Curry mit Darm, zwei Curry ohne Darm oder je eine? Einmal zwei mit einem Brötchen oder mit zweien? Zweimal eine mit zwei Brötchen oder nur mit einem? Je größer die Bestellung ist, umso größer ist der Spielraum dessen, was zu klären ist, ehe es mit dem Verkaufen losgehen kann. Oder könnte. Denn gute Verkäufer sind gute Beobachter. Müssen sie auch sein, denn

sonst käme es vorm Fenster zu endlosen und eigentlich überflüssi-
gen Diskussionen. Gute Verkäufer wissen, oder ahnen wenigstens,
ziemlich genau, was verlangt wird. Steht da einer allein vorm Fenster
oder zu zweit, dann ist – um beim Beispiel zu bleiben – schon mal
klar, ob es um einmal zwei oder um zweimal eine Curry geht. Woran
Peggy und Denny und alle anderen aber auch noch die weiteren
Wünsche erkennen können, wieso sie förmlich zu wittern scheinen,
was Kunden mit ihren meist knappen Ansagen meinen und ohne
langes Nachfragen alles schon immer griffbereit haben, das bleibt
für den Laien ein Rätsel. Das muss eine ganz bestimmte Begabung
sein, angereichert mit Erfahrung. Anders ginge es nicht so schnell.
Wenn man sich dann noch vor Augen hält, dass hinter dem Tresen
ein ganzes Team in Arbeit ist, dessen Handgriffe aufeinander abgestimmt sein und sitzen müssen, dann wird wohl klar, dass Würste-
verkaufen eine ziemlich große und nicht jedermanns Sache ist. Für
das, was den Kunden über den Tresen gereicht wird, spielt es keine
Rolle, ob einer alles macht und dabei helfende Geister zur Seite
hat, wie bei Curry 36 und Bier's Kudamm 195, oder ob es wie bei
Konnopke's und Krasselt's diese Art Fließbandsystem gibt.

Für Kunden spielt es aber eine Rolle, wie sie behandelt
werden. Kunden treten als Individuen auf. Sie eint lediglich Hunger
oder Appetit. Sie stehen vor der Bude an und haben Gelegenheit,
sich die Leute hinterm Tresen anzusehen. Je nach Ausstattung haben sie sogar die Wahl, bei wem sie sich am liebsten anstellen wollen. Mit welchen Erwartungen es aber der jeweilige Verkäufer zu tun
kriegt, muss ihm in dem Moment klar werden, in dem er den Kunden
zu Gesicht bekommt. Also sofort. Mal abgesehen davon, dass ein
Kunde ganz bestimmte Geschmackserwartungen hat und vielleicht
auch Erinnerungen anderer Art beleben will, die er mit dem Ort des
Verzehrs verbindet und für die die Verkäufer nur bedingt zuständig
sind. Immer stellt sich die Frage: Hat er schlechte Laune und will
möglichst ohne Worte verstanden werden? Ist es ein Stammkunde,
der davon ausgeht, dass sein Wunsch sowieso jedem bekannt ist?
Ist es jemand, der erst dann glücklich ist, wenn er zur Wurst noch
einen Witz serviert bekommt? Ist es jemand, den sichtlich was be-

drückt und der vielleicht über die Frage, ob alles in Ordnung sei, dankbar ist? Ist jemand gestresst und braucht was zum Aufmuntern? Ist jemand in Eile und will, während der vor ihm stehende Kunde bedient wird, mit Blickkontakt signalisiert bekommen, dass man ihn bereits gesehen hat? Ist es eine Oma mit einem Enkel, die diesem erklären will, warum sie schon als junge Frau hier gegessen hat?

Je nach Andrang und Empathie hat ein Verkäufer viele Möglichkeiten, zu reagieren. Vera Stenschke von Curry 36 will sich nur auf den jeweils vor ihr stehenden Kunden konzentrieren, alle anderen mit im Blick zu haben, würde sie „wuschig" machen. Mario Ziervogel von Konnopke's hat am liebsten die ganze Schlange im Blick, damit er den hinter ihm Arbeitenden Signale geben kann, was als Nächstes auf sie zukommt.

Auf jeden Fall ist's gut für die Verkäufer und fürs Geschäft, wenn sie die Zeichen lesen können. Gut für sie, denn die Arbeit soll ja Spaß machen, den Stress also möglichst vergessen lassen. „Wir sind schließlich keine Roboter, wir brauchen auch unsere Erfolgserlebnisse", sagt Peggy. Gut fürs Geschäft – ist doch klar warum. Aber dann gibt es Tage, an denen selbst die beste Verkäuferin machtlos ist. Tage, an denen die Sonne nicht richtig durchkommt oder Vollmond bevorsteht oder böse Zwerge die Leute ärgern. Tage, an denen Peggy denkt, das kann doch nicht wahr sein! Die können doch nicht alle auf einmal frei draußen rumlaufen. Wer soll die denn wieder einsammeln! Tage, an denen sie selbst Lust hat, erstmal zu Karstadt reinzugehen und sich am Personal abzureagieren. Da fängt einer in der Schlange an zu stänkern, wie auch Mario Ziervogel aus Erfahrung weiß, und schon haben alle was zu meckern. Dann heißt es: Ohren ran und durch. Morgen ist ein neuer Tag.

Wer das alles im Griff hat und zwar alles zur gleichen Zeit und über die Länge einer ganzen Schicht hinweg, verfügt über die wichtigsten Qualifikationen eines Imbissverkäufers an einer Bude

in zentraler Lage: Er/sie ist Kummerkasten, Entertainer und Alles-
überblicken-Könner. Alles auf einmal und immer auf offener Bühne.
Kunden sind entweder welche mit klaren Wünschen oder zögerlich
Unentschlossene, haben ihr Geld bereits abgezählt in der Hand oder
kramen erst ewig in ihren Taschen rum. Gehen grußlos davon oder
kommen nach Verzehr nochmal ans Fenster und sagen: „Hat prima
geschmeckt"; im ärgsten Fall sind sie nur Könige, die sich nicht wie
solche benehmen. Aber auf beiden Seiten gibt es Wünsche, die
erfüllt werden wollen. Wenn das funktioniert, erfüllt eine Currywurstbude ihre Rolle, ein sozialer Ort zu sein, perfekt.

Eine Currywurstbude kann noch so modern ausgestattet
sein, die Arbeit derer, die hinter dem Tresen stehen, ist hart. Im
Winter ist es kalt, im Sommer viel heißer als draußen. Selbst das fri-
scheste Fett riecht und haftet in der Kleidung, an Haut und Haaren.
Wem sträubte sich da nicht das Nackenfell, wenn das Arbeitsamt
Leute vorbeischickt, die an Imbissbuden immer wieder gesucht werden, die aber nicht geeignet sind? Selbst wer schon mal in einem
Imbiss gearbeitet hat, kann im konkreten Fall von Curry 36, Bier's
Kudamm 195, Konnopke's oder Krassel's von Kleinmut befallen
werden, sogar wenn er oder sie bei einem der anderen schon mal
gearbeitet hat. Es ist überall anders, und neue Routine ist neu zu
lernen. Deshalb wechseln die Gesichter hinterm Tresen von Bier's
Kudamm 195 auch hin und wieder, denn wenn ein Mitarbeiter aus-
fällt, muss einer von einem der anderen Standorte einspringen. Und
an jedem laufen die Arbeitsgänge, die von allen beherrscht werden
müssen, unterschiedlich ab.

Wenn eine Bude gut läuft, dann heißt das auch immer:
Hier arbeitet ein tolles Team. Es arbeitet zudem unter den Bedingungen der jeweiligen Ausstattung, die dieses Zusammenspiel er-
möglichen und die nicht vom Himmel fallen.

Budenzauber

Max Konnopke, Frank Friedrich, Harald Köhring, Klaus-Peter Bier, Lutz Stenschke und dessen Vorgänger haben allesamt mit primitiven Ausstattungen angefangen.

Der Wurstmaxe vom Mehringdamm 36, der mit Vornamen wirklich Max hieß, begann 1952 mit einem kleinen Tisch und einem Schirm darüber. Auf dem Tisch standen mit Propangas beheizte Kessel, in denen er seine Currywürste, Bouletten, Wiener und Bockwürste garte. Am frühen Abend gegen fünf rollte er mit seiner ganzen Ausrüstung heran und verkaufte bis nachts um eins oder zwei. Solange er auf öffentlichem Straßenland stand, durfte er tagsüber nicht verkaufen. Waren die Würste und Bouletten früher aus, dann war auch früher Schluss, denn er hatte keine Kühlmöglichkeit, um größere Vorräte zu mit sich zu führen.

Das galt auch für Max und Charlotte Konnopke, die zwischen 1930 und 1941 von sieben Uhr abends bis morgens um fünf

Max Konnopke mit mobilem Wurststand, um 1935.

mit ihren Wurstkesseln an der Schönhauser Allee/Ecke Stargarder Straße und an der Ecke zur Danziger Straße standen. Die Würste wurden zu Hause heiß gemacht und im propangasbeheizten Kessel auf einem Rost über Wasserdampf warm gehalten. Es waren aber selten mehr als zwanzig Stück. Dennoch ließ es sich offenbar davon leben, denn Max Konnopke hatte seine Entscheidung, ein „Wurstmaxe" zu werden, reiflich geprüft. Indem er die Pappen zählte, die um andere Berliner Wurstmaxen herum auf der Straße lagen, wurde ihm klar, dass er nur eine des Nachts belebte Ecke brauchte, um gutes Geld zu verdienen.

Auch Frank Friedrich und Harald Köhring verkauften aus einem Kessel, nämlich wenn sonntags am Teufelsberg ein Skispringen auf Kunstschnee bis zu 30.000 Zuschauer anzog. Frank Friedrich sprang dort 1954 auf den ersten Platz der Deutschen Meisterschaft, während Harald Köhring am Fuß des Berges die Würste von Maximilian feilbot. Wer fror und sich bei einer Cola mit Rum aufwärmen wollte, musste erst einmal einen Schluck aus der Cola-Flasche abtrinken, damit sie mit Rum aufgefüllt werden konnte. Pappbecher kannte man noch nicht.

Neben den mobilen Wurstständen gab es die Kioske. Anfangs waren das noch ganz primitive Bretterbuden, ein durchgängiges Konzept war nur bei denen von Maximilian zu erkennen. Es setzte den Prototyp des Kunden als einfachen Mann voraus, der anonym und unbehelligt seine Currywurst essen wollte, keine Gespräche suchte, der beim Essen lediglich den Verkehr beobachten wollte und für den Stufen und Anflüge von Gastlichkeit Hemmschwellen gewesen wären. Frank Friedrich, der gelernte Tischler, hat 1954 die erste Bude dieser Art gebaut.

Die beiden Buden, die Max Konnopke 1947 nach seiner Rückkehr aus englischer Kriegsgefangenschaft an der Kreuzung Schönhauser Allee/Ecke Danziger Straße und am Antonplatz in Weißensee aufstellen ließ, hatte er selbst entworfen. Nach dem damals üblichen Standard verfügten sie über ein kleines Verkaufsfenster. Was sich dahinter abspielte, war nicht zu sehen.

Diese ersten Kioske der Nachkriegszeit, wie auch Harald Köhring einen betrieb, hatten weder fließendes Wasser noch eine Kühlvorrichtung. Getränke und mit Wasser gefüllte Kanister wurden von zu Hause mitgebracht. Abwasser wurde in die Kanalisation gekippt, Müll meist mit nach Hause genommen und dort entsorgt. Diese Kioske standen in der Regel auf Ruinengrundstücken, deren Besitzer froh waren, wenn sich ein Imbissbetreiber darauf niederließ und Miete zahlte. Wenn Hausbesitzer die Geruchsbelästigung duldeten, standen sie aber auch in Hauseingängen. Ein anderes Modell waren die Wurstwagen, die man haben musste, wenn man auf öffentlichem Straßenland stand. In West- wie in Ostberlin war es Vorschrift, dass sie außerhalb ihrer Betriebszeiten zu verschwinden hatten. Und Wagen mit Rädern ließen sich eben wegrollen.

Die Propangasflaschen waren meist in Blechkästen an der Außenwand untergebracht. Zwei Stück in der Regel; eine reichte im Schnitt für einen Tag. Der Gaslieferant hatte einen Schlüssel zum Kasten und konnte die jeweils leere Flasche ohne den Betrieb zu stören gegen eine gefüllte austauschen. Es musste mit Propangas gebraten werden, weil weder die Kioske, noch die Wagen über Stromanschlüsse verfügten. Harald Köhring hätte diesen Umstand beinahe mit seinem Leben bezahlt. Als er eine neue Flasche an den Bräter anschließen wollte, klemmte der Verschluss. Um die Kunden nicht warten zu lassen, briet er mit dem Rest aus der fast leeren Flasche weiter. Beim nächsten Versuch, die neue Flasche zu öffnen, bemerkte er jedoch zu spät, dass dort inzwischen Gas ausgetreten war. Es war schon bis zur Höhe der Zündflamme am Bräter gestiegen. Dass Harald Köhring die Explosion überlebte, deren Kraft Blumentöpfe vom Balkon am Haus gegenüber gerissen hat, ist ein Wunder. Von Kopf bis Fuß stand er in Flammen, denn wie es damals üblich war, trug er einen Arbeitskittel aus Perlon. Zwei Monate Krankenhaus, und schon einen Monat darauf verhandelte er mit seiner Hausbank über den Kredit für einen neuen Wagen.

Einen seiner ersten Wurstwagen hat Klaus-Peter Bier billig von Herbert Krasselt gekauft. An diesem nahm er allerdings eine entscheidende Veränderung vor: Er ließ ihn nämlich ringsherum aufschneiden. Auf die Idee, dass man seine Ware zeigen muss, dass Appetit anregend wirkt, wenn Vorübergehende sehen können, was sie dann auch essen wollen, war er beim Anblick einer Wurstbraterei am Bahnhof Zoo gekommen. Zwei Brüder, aus Ungarn stammende Juden, präsentierten dort ihre Waren in ganz großem Stil: Licht drauf! Seht her, so wird's gemacht! Klaus-Peter Bier hat sich von dieser Vision inspirieren lassen. Von nun an briet er die Würste vor den Augen der Kunden. Die noch rohen Currywürste hingen in prallen Ketten an Stangen aus Besenstielen, die er an der Rückwand der Bude anbringen ließ. Diese Bude haben ihm die Leute förmlich eingerannt. Nach dem gleichen Prinzip war dann auch der Kiosk gestaltet, den er 1966 im Vorgarten vom Kudamm 185 aufstellen konnte. Durch den Umzug ins Haus selbst, fast zwanzig Jahre spä-

Abends bei Bier's Kudamm 195.

ter, boten sich bessere, exklusivere Möglichkeiten. Technisch und
ästhetisch war der Imbiss einem Restaurant ähnlicher als es jede
Wurstbude hätte werden können. Mit dem Umzug zum Kudamm
195 kam, neben einer räumlichen Erweiterung auf einhundertacht-
zig Quadratmeter, ein Belüftungs- bzw. Heizsystem dazu, das wohl
nur unter den dortigen Bedingungen möglich ist: Eine sogenannte
Schleieranlage, an der Decke gleich hinter den Türen installiert, verströmt im Winter warme Luft, im Sommer kühle. Kein Frieren, kein
Schwitzen, kein Fettgeruch.

Ob Max Konnopke von allein auf die Idee gekommen ist,
den Wurstwagen an der Schönhauser Allee 1960 durch einen
rundherum verglasten Kiosk zu ersetzen, ist ungewiss. Jedenfalls
hat er ihn selbst entworfen und dabei mit Sicherheit daran gedacht,
dass man die Kunden mit Appetit anregenden Ansichten verführen
kann. Er war einer von der Art Leute, die irgendwie alles selbst machen können, was in der DDR von größtem Vorteil war. Direkt neben
dem Ausgabefenster türmte sich fortan ein kunstvoll geschichteter
Berg aus Würsten. Im Unterschied zum Wagen stand der Kiosk

**Konnopke's Imbiß in
der Schönhauser Allee,
1958.**

nun fest und unverrückbar auf öffentlichem Straßenland. Und nicht nur, dass der neue Kiosk mit Strom- und Wasseranschluss schon bestens ausgerüstet war: Max Konnopke hatte wieder mal seine Beziehungen spielen lassen und sogar eine Tiefkühltruhe organisiert, die man für gewöhnlich kaum auf Antrag und auch dann erst nach endlosen Wartezeiten bekommen konnte. In Friedrichshain kannte er den Inhaber einer Firma, die ihm den Bräter, den Wurstkessel, das große Waschbecken zum Geschirrspülen und anderes mehr nach Wunsch und Maß anfertigte, weil es solche Ausrüstungen im Handel nicht gab. Nicht umsonst hieß es: Beziehungen schaden nur dem, der sie nicht hat. Oder: Der Sozialismus ohne Beziehungen ist wie der Kapitalismus ohne Geld. Selbst wenn sich diese Sonderanfertigungen als recht störanfällig erwiesen und besonders an kalten Wintermorgen damit zu rechnen war, dass irgendetwas nicht richtig funktionierte und improvisiert werden musste: Diese Imbissbude war ein vergleichsweise hochmoderner Kiosk. Nur Jalousien hatte er nicht. Wenn er abends und an den Wochenenden geschlossen war, hielt Tante Lüdtke ein Auge auf ihn. Als Freundin der Familie und Rentnerin mit viel Zeit, die schräg gegenüber, direkt über der Schoppenstube, wohnte, lag ihr die Wurstbude sehr am Herzen.

Herbert Krasselt hingegen stand mit seinem Wurstwagen seit 1959 auf dem Wochenmarkt am Steglitzer Damm. Immer, wenn dort Feierabend war, rollte er ihn vor dessen Eingangstor, um dort seine Maximilian-Würste zu verkaufen. Als dieser auf einem Ruinengrundstück liegende Markt aber 1971 schloss, kaufte die Familie Marx die Fläche und baute dort ein Haus. Krasselt wurde mit seinem Imbiss ins Erdgeschoss integriert. Die Ausstattung des winzigen Ladens war jedoch denkbar schlicht. Zwar gab es einen Wasseranschluss, aber die sechs Quadratmeter große Fläche reichte nur für einen sehr kleinen Kühlschrank. Die Würste, die Krasselt von Samstag auf Sonntag frisch halten musste, lagerte er in einem Flachanhänger, der im Keller stand. Pommes und Cola brachte er immer von zu Hause mit. Eine Möglichkeit, Müll zu entsorgen, gab es auch nicht, weshalb er den abends mit nach Hause nahm. Als Harald Köhring den Imbiss 1981 zunächst pachtete, ehe er fünf Jahre später einen eigenen Mietvertrag bekam und das Gewerbe kaufen konnte, investierte er erst einmal in eine moderne Ausstattung. Wenig später konnte er einen neuen, zwanzig Quadratmeter großen Lagerraum anmieten, weil die Reichelt-Bäckerei aus dem Haus ausgezogen war. Seitdem gibt es auch eine Toilette und Waschgelegenheit. Ausreichend Platz, um den Ketchup vor Ort anzurühren, gibt es jedoch dort bis heute nicht. Bis 2009 hatte Harald Köhring dafür in der Schildhornstraße in Steglitz einen Kellerraum zur Miete. Das angelieferte Tomatenmark mussten die Mitarbeiter also durchs Kellerfenster entgegennehmen; zweiundzwanzig Liter jedes Mal, in Kartons zu dreißig Kilo das Stück. Seit dem Frühjahr 2010 gibt es am Ostpreußendamm eine Ketchupküche zu ebener Erde und weniger Schlepperei, denn der LKW kann direkt vor die Tür fahren.

Modernisierung war auch das Erste, was Lutz Stenschke mit allem nur möglichen Nachdruck in Angriff nahm, nachdem er

Denny nachts bei Curry 36, um 1995.

1980 dem Wurstmaxen am Mehringdamm 36 das Gewerbe ab-
gekauft hatte. Die beiden wurden sich schnell handelseinig, weil der
Wurstmaxe, der seinen Laden nur an einen vertrauenswürdigen
Nachfolger verkaufen wollte, den energiegeladenen, offenen jungen
Mann auf Anhieb mochte. Er wollte sein Unternehmen in guten
Händen wissen. Ende der sechziger Jahre hatte er seinen kleinen
Tisch mit Schirm gegen einen Wurstwagen ausgewechselt, mit
dem er in den Flur des Hauses umgezogen war. Jetzt, auf privatem
Grund, konnte er auch tagsüber verkaufen. Aber dieser hölzerne
Kasten war recht primitiv, schwer vom Fleck zu rollen, und eine Mög-
lichkeit, die Currywürste zu braten, gab es immer noch nicht. Lutz
Stenschke ersetzte diesen Wagen 1981 durch einen leichteren aus
Aluminium, rollte ihn aber trotzdem nachts nicht vom Fleck. Hatte
es beim Wurstmaxen bislang nur gekochte Ware gegeben, schaffte
Lutz Stenschke ein Jahr später schon eine Pfanne an, um seine
Currywürste in Zukunft auch braten zu können. Was der Vorgänger
wegen der Geruchsbelästigung nicht durfte, tat Stenschke einfach.
Der für die Automobilbranche ausgebildete Kaufmann hatte sich
beizeiten eine Philosophie zu eigen gemacht: Erst einmal Tatsachen
schaffen; Bedenkenträger, die es ja immer gibt, kann man hinterher
noch früh genug fragen. Er hatte nämlich einen Konkurrenten, der
nur wenige Meter entfernt gebratene Currywürste verkaufte, und
die gingen besser als seine gekochten. Bis er 1994 dann ins Haus
umziehen konnte, lief der kleine Laden gut, obwohl auf der Fläche
von drei Quadratmetern, die zum Arbeiten frei war, höchstens zwei
Personen Platz hatten. Meist wurde die Schicht deshalb von einem
allein bestritten. Gut, dass es die Kneipe nebenan gab, denn der
Imbisswagen hatte weder eine Toilette noch eine Waschgelegenheit.
Denny bat in Notfällen Stammkunden, mal kurz auf den Wagen auf-
zupassen. Bis 1988 haben Lutz und Vera Stenschke je die Früh- und
die Nachmittagsschicht gemacht. Vera Stenschke blieb bis 1994
dabei. Dann nämlich zog sich das Spielkasino im Haus auf die Hälfte

seiner Fläche zurück, und die Stenschkes zogen mit ihrem Imbiss in den frei gewordenen Bereich. Mit einem Imbiss dieser Größe war ganz anderer Umsatz zu machen; man konnte weitere Mitarbeiter einstellen. Den Ausbau hatte dieselbe Firma übernommen, die auch den Imbiss von Stenschkes Fleischer Jörg Packoldt gebaut hat. Jetzt war endlich genug Platz, diesem Vorbild zu folgen und die Ware vor aller Augen zu präsentieren. Schon 1994 setzte sich die Kundschaft nur noch zu dreißig bis vierzig Prozent aus Arbeitern und Angestellten zusammen, die in der Umgebung arbeiteten und in den Pausen kamen, wenn sie Hunger hatten. Die anderen waren jene, deren Appetit beim Vorübergehen angeregt werden sollte. Die Rechnung ist aufgegangen, denn es lohnte sich bald, bis nachts um vier geöffnet zu haben, um den Nachbierhunger der Nachtschwärmer zu stillen. Um aber nicht auch noch andere Gelüste bei ihnen zu wecken, war es von Anfang an Prinzip, keinen hochprozentigen Alkohol zu verkaufen. Es sollten nicht Leute vor der Bude herumlungern, die mit Blicken aus glasigen Augen andere Kunden vom Stehenbleiben abschreckten, weder nachts noch tagsüber.

Seit dem Umzug ins Haus ist täglich rund um die Uhr Betrieb; nur zwischen sechs und sieben Uhr morgens gibt's keine Wurst, weil die Kollegen der Nachtschicht dann putzen, was nicht schon während der Öffnungszeit in den letzten Stunden gereinigt werden konnte. Als das Spielkasino 2002 seine Pforten schloss, kauften die Stenschkes den ganzen Laden. Jetzt konnten sie so richtig loslegen. Zunächst wurden – bei laufendem Betrieb – sämtliche Küchengeräte erneuert. Beim Einbau des ersten Kühlhauses war es jedoch nicht zu vermeiden, den Imbiss für einige Stunden zu schließen. Damit die Kunden aber in dieser Zeit nicht zur Konkurrenz gehen müssten, wurde in einer Nacht von Samstag auf Sonntag schon um vier Uhr dicht gemacht. Spätestens um halb elf würde alles so weit sein, dass der Verkauf wieder losgehen könnte – dachte sich zumindest Lutz Stenschke. Immer aber, wenn er zwischendrin mal vor die Tür oder in die Kneipe nebenan ging, wunderte er sich über die Totenstille auf dem Damm. Kaum eine Menschenseele weit und breit. Endlich, gegen zwölf, waren die Arbeiten beendet. Die elektrischen Geräte konnten wieder angeschlossen werden. Während Stenschke die Jalousien hochzog, freute er sich erstmal auf einen Kaffee in aller Ruhe. Aber was war das? Vor den Fenstern stand eine ellenlange Schlange! Keiner konnte erklären, wo die so plötzlich hergekommen war. Der Wirt von der Kneipe nebenan und der Besitzer vom Zigarettenladen aber jubelten: „Endlich habt ihr wieder auf! Endlich sind wieder Leute auf dem Damm!"

Auf den einhundertvierzig Quadratmetern Fläche hinter dem nun sieben Meter langen Verkaufstresen und einem ebenso großen Keller darunter wuchs im Laufe der Jahre und bei immer laufendem Geschäft ein beachtlicher Betrieb mit enormen Lagermöglichkeiten heran. Beide Ebenen sind durch einen Lastenaufzug miteinander verbunden. Ganze Kühlhäuser haben dort Platz, so dass alle Waren, auch die nicht zu kühlenden, getrennt voneinander gelagert werden können. Platz für die Kanister mit Erdnussöl ist auch ausreichend vorhanden. Denn davon wird hier sehr viel gebraucht,

Spülbecken bei Curry 36.

sechzig bis siebzig Liter am Tag, weil dreimal täglich das Öl in den Pfannen gewechselt und in die Friteusen nachgefüllt wird. Es gibt sogar getrennte Duschräume für Männer und Frauen. In dem für die Frauen steht eine Waschmaschine, so dass Textilien, die nicht in die Reinigung müssen, gleich vor Ort gewaschen werden können. Im Durchgang zu den Duschräumen lagern große Stapel mit Arbeitskleidung, noch fabrikneu eingeschweißt. Sogar einen Aufenthaltsraum für die Angestellten gibt es. Sich dorthin zurückzuziehen, um in Ruhe einen Kaffee zu trinken oder eine Zigarette zu rauchen, findet allerdings kaum mal jemand Zeit, vielleicht während der Frühschicht oder nach Feierabend. Die Würste, die Kunden in großen Mengen kalt mit nach Hause nehmen wollen, können vor Ort vakuumiert werden. 2007 wurde die gesamte Lüftungsanlage ausgewechselt. Wenn die Mitarbeiter sie immer voll aufdrehen würden, gäbe es keinen Geruch im Laden, sagt Lutz Stenschke. Das machen sie aber nur im Sommer, weil sie die heiße Luft abzieht. Im Winter läuft die Anlage mit weniger Kraft, damit es nicht so kalt hinterm Tresen wird. Stenschke ist einer, der immerzu etwas bauen muss, der seine helle Freude dran hat, wenn immer alles auf dem neusten Stand ist und schön aussieht. Ab Herbst 2010 wird er wieder umbauen: Neue Geräte, Küchenzeile, Kühlung, Beleuchtung, Fensterfront, Fußboden. Die Pfannen sollen unbedingt größer werden, weil sich schon mal Kunden beschwert haben, dass die Würste nicht richtig durch sind. Das kann bei großem Andrang passieren, eben dann, wenn die Würste schneller als nötig aus dem Fett müssen. Können aber mehr reingelegt werden, haben alle genug Zeit zum Durchbraten. Vielleicht findet er ja auch eine Lösung dafür, dass die Lüftungsanlage im Winter auf voller Kraft laufen kann und trotzdem kein Mitarbeiter friert. Das Problem wird ihm sicher keine Ruhe lassen.

Den Kiosk, den Vater Max Konnopke 1960 hatte bauen lassen, ließ Tochter Waltraud Ziervogel 1983 durch einen neuen ersetzen. Kioske waren für die Stadtplaner im Osten generell ein Ärgernis; man wollte sie nicht und hielt die Ästhetik des Stadtbilds dagegen. Das konnte eigentlich nur glauben, wer die Augen von bröckelnden Fassaden abwandte, besonders im konkreten Fall des

Prenzlauer Bergs. Im Vergleich zu denen war der neue Konnopke-Kiosk ein Lichtblick. Ohne Mühe bekam Waltraud Ziervogel die Zustimmung der Berliner Verkehrsbetriebe sowie eine Baugeneh-migung von der Staatlichen Plankommission und vom Rat des Stadt-bezirks. Konnopke's galt längst als eine Institution. Für ihre Leistun-gen zur „Versorgung der Bevölkerung", die mit dem neuen Kiosk „auf ein neues Niveau gehoben" werden konnte, wurde Waltraud Ziervo-gel im selben Jahr von der Industrie- und Handelskammer mit der Goldenen Ehrennadel ausgezeichnet. Dass ihr sogar die Unterkelle-rung gestattet wurde, was im Westen der Stadt für öffentliches Straßenland nicht genehmigungsfähig war und bis heute auch nicht ist, war damals die Lösung von Lagerproblemen. Später wurde dar-aus ein Standortproblem, dessen Lösung alle Beteiligten lange Zeit in Atem hielt. Aber dazu später. Wenn Mitarbeiter eine Toilette aufsuchen mussten, nutzten sie schon immer die öffentlichen gleich neben der Bude, die bis 1993 dort standen. Danach blieb Waltraud Ziervogel nichts anderes übrig, als in der Nachbarschaft eine Woh-nung anzumieten.

Für DDR-Verhältnisse war der Kiosk auch in seinen Aus-maßen ein Novum: achtundzwanzig Quadratmeter. Während des Neubaus musste zeitweilig die Schönhauser Allee gesperrt werden, weil das Dach nur mit einem Kran auf den Kiosk gesetzt werden konnte. Der Betrieb ging unterdessen im alten Kiosk weiter, der erst abgerissen wurde, als der neue fertig war. Er entsprach äußerlich dem neusten Geist der Zeit, denn in diesem Stil wurden damals auch die Intershops gebaut, die an den Grenzübergängen nach Westberlin und in allen anderen Großstädten der DDR standen. Waltraud Ziervogel nahm gern in Kauf, dass man nicht mehr von allen Seiten hineingucken konnte, und dass er Jalousien hatte, war ihr mehr als recht. Immerhin blieb die gesamte Vorderfront offen, und alles, was drinnen in Arbeit war, konnte von außen gesehen wer-den. Zu gucken gab's für die Kunden außerdem rundherum genug anderes, was sie an die Bude lockte. Etwa in der Vorweihnachtszeit. Stammkundin Kathrin F. amüsiert sich bis heute darüber, wie sie dann immer mit ihrem Mann zu Konnopke's gegangen ist, um beim Verzehr einer Currywurst dabei zuzuschauen, wie die Leute sich aus drei oder vier mageren Tannen, die auf einem Platz neben der Bude verkauft wurden, einen ansehnlichen Baum zusammensuchten. Sie haben es ja schließlich auch so gemacht.

Als auch die achtundzwanzig Quadratmeter nicht mehr ausreichten, wurde der Kiosk 1987 um einen Anbau erweitert. Ein Bauvorhaben ganz anderer Art war ohnehin gerade vorgesehen. In Vorbereitung auf die 750-Jahr-Feier Berlins waren Kurt und Waltraud Ziervogel nämlich gefragt worden, welchen Beitrag zur Verschönerung der Stadt sie denn leisten wollten. Einen Imbissgarten! Einen Imbissgarten? Direkt unter dem Viadukt? Man war skeptisch, aber man ließ sie machen. Wenn es nach ihr gegangen wäre, hätte Waltraud Ziervogel sogar zwei Imbissgärten bauen lassen; Platz war ja genug und Miete dafür hat nie jemand von ihr verlangt.

Konnopke's Imbissgarten, um 1990.

Volkseigentum eben. Aber „ihre Männer", die ihre Autos immer unter dem Viadukt parkten, wären dagegen gewesen. Also wurde nur einer gebaut, der zur 750-Jahr-Feier eingeweiht wurde.

So leicht sich das anhört, war es jedoch nicht, denn Baumaterial war knapp. Knapper als je zuvor, denn seit einigen Jahren war es in Mode gekommen, dass DDR-Bürger sich Datschen bauten, wo immer sie Platz dafür fanden. Wer so was sein Eigen nennen wollte, setzte alle, wirklich alle Hebel in Bewegung. Ob man die Bevölkerung ruhig halten wollte oder ob es am knappen Kontrollpersonal gelegen hat: Es wurde jedenfalls ziemlich ungehindert schwarz gebaut. 1984 reagierte der Staat darauf mit einer Verordnung, die dieses illegale Bau-Unwesen nachträglich legalisierte. Danach galt jedes auf eigene Faust errichtete Bauwerk als legal, wenn bis zu fünf Jahren nach seiner Entstehung niemand dagegen vorgegangen war. Klar gesagt: Jeder Schwarzbau konnte fünf Jahre nach Errichtung qua Verordnung als rechtens gelten, und das war die Regel. Deshalb war 1987 Baumaterial noch knapper als es immer schon gewesen war. Die erteilte Baugenehmigung hätte den Ziervogels also wenig genutzt, wenn sie nicht ihre Beziehungen gehabt hätten, um sich außerhalb Berlins zu beschaffen, was für den Anbau und den Imbissgarten gebraucht wurde. „Wo habt ihr denn das ganze Zeug hier her?", wurde Waltraud Ziervogel in einem fort von ihren Kunden gefragt, vor deren großen Augen Berge von Baumaterial direkt neben der Bude lagen. Selbstverständlich war es von Nutzen, dass die Ziervogels Handwerker kannten, die daraus machten, wofür es gedacht war, denn auch Handwerker waren schwer zu kriegen. Darauf, dieses Projekt bei laufendem Betrieb der Bude mit aller Kraft und viel eigener Initiative gestemmt zu haben, ist Waltraud Ziervogel bis heute ziemlich stolz. Und es war ihr 1987 nicht gleichgültig, dass sie ins Rote Rathaus bestellt wurde, um sich dafür als „Verdienter Arbeiter des Volkes" auszeichnen zu lassen.

Vor diesem Hintergrund mag man ihren Zorn und ihren Widerstand gegen alle Vorschriften und Verfahren verstehen, mit denen Konnopke's es nach 1990 zu tun bekam. Die Sondergenehmigung zur Nutzung des Standortes, den der Imbiss zuvor bis in alle Ewigkeit hatte, wurde nach neuem Recht nur noch für ein Jahr gewährt und musste natürlich immer wieder neu beantragt werden. Eine Grundsteuer auf die Gebäude wurde fällig. Dabei erwies sich als Problem, dass man im Westen diese Form von Kiosk nicht kannte. Dort kannte man nur Container, und die waren nicht unterkellert. Wie sollte Konnopke's verwaltungsrechtlich definiert werden? Dass der Standort plötzlich Miete kostete, mochte ja noch hingehen, dass diese aber nach dem Umsatz berechnet wurde, wollte Waltraud Ziervogel nicht akzeptieren. Erst seit wenigen Jahren werden nun die Quadratmeter zugrunde gelegt. Während die betrieblichen Kosten neu kalkuliert werden mussten – bei sinkendem Umsatz wegen wegbleibender Kunden – rollte das nächste Problem auf den Imbiss zu: Der Umbau der Kreuzung. Seit Anfang der 1990er Jahre ist die Kreuzung Schönhauser Allee/Danziger Straße/Kastanienallee eine Baustelle in Permanenz; Wege zum Imbiss wurden mehrfach verlegt und aus dem Imbissgarten wurde ein Dauerproblem. Dass dort essende Kunden vor dem Dreck der unterm Viadukt nistenden Tauben geschützt werden mussten, war dabei nicht der Punkt, sondern die Frage, womit: Zeltdach? Große Schirme? Ein festes Dach war gar nicht in Frage gekommen. Das wollte der Denkmalschutz nicht. Der wollte allerdings, dass der Kiosk grün gestrichen wird, damit er farblich besser zum Viadukt passe. Dagegen hat sich Waltraud Ziervogel erfolgreich gesträubt. Ihr Kampf um feste Seitenwände für den Imbissgarten indes endete wie der Don Quichottes gegen Windmühlen. Was dabei herausgekommen ist, war nicht mehr als ein Kompromiss mit Zähneknirschen auf allen Seiten und ein Dauerthema in den Medien. Immer wieder hieß es da: Konnopke's muss weg, und das schon seit Anfang der 1990er Jahre. Touristen blieben weg, wenn Hotelführer den Schlagzeilen glaubten und die Fragen ihrer Gäste nicht richtig beantworteten.

Angesichts dieser ständigen Standortunsicherheiten war auch in den Folgejahren an neue Investitionen nicht zu denken, die allmählich fällig wurden, denn der letzte Austausch aller Küchengeräte war ja bereits 1990 erfolgt.

Viola und Mario Ziervogel haben sich die bekannten Currywurstbuden im Westteil Berlins angesehen. Nicht nur, weil sie auf deren Würste neugierig waren, sondern auch, um zu sehen, unter welchen Bedingungen dort gearbeitet wird, wo der gleiche Ansturm von Kunden wie bei Konnopke's zu bewältigen ist. Eine Lösung des Problems, wie sie auf ihrem engen Raum eine weitere Friteuse und eine dritte Pfanne unterbringen könnten, die immer mehr fehlten, fand sich dort aber auch nicht. Immerhin hat Mario Ziervogel 2009 eine neue Kochstrecke einbauen lassen.

**Stele bei Konnopke's:
Der Hauptmann
von Köpenick.**

Ziemlich viel Geld hat die Familie 2007 dafür ausgegeben, die Säulen des Viadukts mit Berliner Motiven bemalen zu lassen. Dass alte Plakate in Fetzen dran hingen und dass sie mit Graffiti beschmiert wurden, hat Waltraud Ziervogel nicht länger hinnehmen wollen. Da es ihr aber nicht in den Sinn gekommen war, sich bei der BVG und dem Denkmalschutz eine Genehmigung dafür zu besorgen, hatte sie auf Seiten derer, die sich um das Aussehen dieser Säulen seit siebzehn Jahren nicht geschert hatten, bald schlechte Karten. Dabei ging es nicht um die Altberliner Motive, sondern um die Farben, unter denen der Sandstein nicht atmen kann. Weil die Säulen seither nicht mehr beklebt und beschmiert wurden, stattdessen aber die Bänke im Imbissgarten, ließ Waltraud Ziervogel dann auch die bemalen. Seit sie aussehen wie Zugabteile, schmierte auch dort keiner mehr drauf rum.

Zu lösen blieb aber das Standortproblem. Wer für nur ein Jahr Standortsicherheit hat und selbst diesen Zeitraum für unsicher hält, investiert nicht. Und das gilt für alle Buden, die nicht auf privatem Grund stehen.

Nicht aller Tage Abend

Seit Mitte Mai 2010 gibt es den Fußgängerüberweg nicht mehr, der bisher von der Kastanienallee aus über die Schönhauser Allee direkt zum Ausgabefenster von Konnopke's führte. Die Ampel steht jetzt etwa fünfzig Meter weiter stadteinwärts. Wer sich eine Currywurst kaufen will, muss dafür erstmal am Imbissgarten vorbeigehen, der jetzt, am frühen Abend, bis auf den letzten Platz besetzt ist. Touristen, vom Herumlaufen müde, Väter und Mütter, die mit ihren Kindern vom Spielplatz oder vom Einkaufen gekommen sind: Allesamt sind froh, ihre Currywurst im Sitzen essen zu können. Es ist auch viel ruhiger geworden rundherum, denn die U-Bahn rumpelt nicht mehr über den Viadukt, weil der für ein paar Monate wegen Sanierung gesperrt ist. Viele der sonst täglich ca. 45.000 Autofahrer meiden die nun fahrbahnverengte Schönhauser Allee und versuchen lieber, auf Umwegen stadtein- oder auswärts zu kommen, statt hinter den Bussen vom Schienenersatzverkehr im Stau stehen zu müssen.

Die Gäste im Imbissgarten scheinen sich wie im Garten der Lüste zu fühlen. Sie essen, sie schwatzen und scherzen; man kann jedes Wort verstehen. Selbst an den Nachbartischen. Eben hat eine Kleinfamilie die Blicke auf sich gezogen. Zwischen Mama und Papa, Ende dreißig vielleicht, hockt ein etwa zweijähriger Knirps, der lustvoll im Ketschup auf der Pappe herumpanscht und sich die Beute rund um den Mund verschmiert. Während sich der Vater behutsam müht, ihn davon abzuhalten, springt die Mutter auf und zückt ihre Digicam. „Schau mal her, Lino! Hierher zur Mama!" Und klick. „Das zum Thema gesunde Ernährung." Mit diesen Worten verstaut sie die Kamera wieder im Rucksack, und die drei begeben sich in Richtung Kollwitzstraße auf den Heimweg. Die Eltern machen nicht den Eindruck, als gehörten sie zu jenen, die ihr Kind schon vor der Geburt zum Englischunterricht angemeldet haben, wie es in der Gegend hier zur Mode geworden ist. Solche trendbewussten Eltern nämlich stellen ihren Zöglingen anheim, ob sie die Windel mit einem oder mit fünf Jahren ablegen wollen und schätzen sich glücklich,

Ein Mädchen isst eine Currywurst bei Konnopke's, 2003.

wenn der Nachwuchs ihnen schon im Alter von drei Jahren auf Englisch sagen kann, dass er die Hosen voll hat. Stammkundin Kathrin F. kennt sich da aus, denn sie arbeitet in einem Kindergarten ganz in der Nähe.

Vorm Kiosk steht eine Schlange, wie immer um diese Zeit. Es scheint, als würden die Verkehrsbeeinträchtigungen den Zulauf von Kunden nicht behindern. Zwei Männer, die gerade das Schild hinterm Fenster entdeckt haben, auf dem steht, dass der Kiosk am 3. Juli geschlossen wird, um Ende des Jahres an selber Stelle neu zu öffnen, debattieren darüber. Gut, dass nun endlich klar sei, wie es mit Konnopke's weitergehe. Aber wo kriege man in der Zwischenzeit die Currywurst her? Eine junge Frau tippt einem von beiden auf die Schulter. In süddeutschem Dialekt weist sie darauf hin, dass auch dies auf dem Schild stehe, und dass sie es sowieso schon aus der Süddeutschen Zeitung wisse: In der Zwischenzeit gehe der Verkauf

Mario Ziervogel auf der Siemens-Messe.

nämlich weiter, auf der Mittelinsel gegenüber, die im Übrigen nach den Brüdern Skladanowsky, den Filmpionieren, benannt sei. Letzteres nehmen die beiden Männer ohne besonderes Interesse zur Kenntnis. Die Currywurst von Konnopke's scheint ihnen wichtiger. Und da sind sie auch schon dran. „Zweimal Curry mit Pommes rot/weiß", sagt der eine. Der andere gratuliert dem Personal.

Er hat Glück und trifft die Richtigen, denn ausnahmsweise haben heute Viola und Mario Ziervogel noch um diese Zeit zusammen Schicht. Normalerweise ist das nur zwischen eins und drei der Fall. Liane Bein, die sonst ab drei neben Mario Ziervogel steht und den Mitteldienst macht, arbeitet heute im Anbau. Thomas, der dort mittags immer Waltraud Ziervogel ablöst, ist krank.

Mario hört sich die begeisterte Gratulation gelassen an. Keine Frage: Er ist mehr als froh, dass der gordische Knoten um die seit Jahren ungewisse Zukunft von Konnopke's nun endlich zerschlagen ist. Schließlich wurde eine Lösung gefunden, die seine eigene Zukunft und die seiner Familie für die kommenden zehn Jahre zu sichern scheint. Aber wie immer ist er seit halb sieben auf den Beinen, seit zwölf Stunden also schon. Vormittags Besorgungen, Termine und Ketchupmachen, seit drei hier an der Kasse. Vor halb zehn wird er nicht zu Hause sein, wo er sich dann, nach dem Abendessen, zusätzlich zum normalen Bürokram, noch in die Unterlagen vertiefen muss, die mit dem Neubau des Kiosks zu tun haben.

Am 12. Mai 2010 haben sich der Stadtrat, die BVG, das Tiefbauamt, der Denkmalschutz und Familie Ziervogel auf eine für alle Seiten verträgliche Lösung geeinigt. Am Abend desselben Tages hat Mario seinen Jahresurlaub gestrichen. Viola und die siebenjährige Tochter Lisa werden die ersehnte Reise ohne ihn machen, denn er muss sich um den Ersatz-Wurstwagen und dessen Ausstattung kümmern, damit der Verkauf dann im August wirklich weitergehen kann. Viel Behördenkram kommt auf ihn zu.

Viola lässt sich nicht anmerken, dass sie darüber alles andere als froh ist. Lieber lässt sie sich auf die Freude der beiden Kunden ein, ohne dabei deren Bestellungen aus den Augen zu verlieren: Inge Kretschmar reicht ihr von hinten die Schale mit den Pommes und legt die Wurst in die Schneidemaschine. Viola bedient den Hebel und bringt im Plaudern noch die Frage unter, wie scharf die Soße gewürzt sein soll. Während Mario kassiert, hat sie das, was ihr Mann für die interne Kommunikation auf den Begriff „Menü" gebracht hat, in zweifacher Ausfertigung vor die beiden Kunden gestellt. Schon sind sie im Begriff, sich damit zu verabschieden, da ruft Viola ihnen nach: „Vergessen Sie Ihre Servietten nicht!" Gatte Mario rollt die Augen. Muss sie die Kunden denn immer so betutteln?, scheint er zu denken. Sind doch erwachsene Leute. Doch, man muss, würde Viola sagen, wenn er das laut gefragt hätte. Oder sie würde nur milde lächeln, so wie sie es tut, wenn er sie gelegentlich fragt, ob sie den Kunden die Wurst nicht noch nach Hause tragen will. Sie weiß schließlich aus erster Hand, unter welchem Druck ihr Mann in seinem sechzehnstündigen Arbeitsalltag steht. Aber sie weiß auch, was Kunden erwarten. Außerdem liebt sie diese kleinen Gespräche; die machen so Vieles wett.

Rechtsanwalt Rainer F. hat bei dem Gespräch eben mitgekriegt, dass der Kiosk abgerissen und durch einen neuen ersetzt wird. Dass die Bude eigentlich ganz weg sollte, hat er vor einiger Zeit in seiner Lokalzeitung zu Hause im Rheinland gelesen. Deshalb steht Konnopke's als Erste auf seiner Liste mit Currywurstbuden, die er bei seinem jetzigen Berlinbesuch ansteuern will. Dass die Kuh nun vom Eis ist, freut ihn zwar. Aber etwas ärgert ihn trotzdem. Warum könne man den Kiosk nicht so belassen, wie er ist? Aber der sei doch hässlich, meint sein Begleiter. Der sehe doch noch so richtig nach DDR aus. „Na und? Genau darum geht es doch. So hat das hier nun mal ausgesehen. Man kann doch nicht alles abreißen, nur weil's aus einer anderen Zeit stammt! Denk doch nur an die vielen kleinen Kneipen, die es früher in unserer Region massenhaft gegeben hat. Alle mit ihrem eigenen Hausbier. Kannste doch heute mit der Lupe suchen ..." „Was darf's bei Ihnen sein?", wird er von Viola lächelnd unterbrochen.

„Du kannst so langsam die zweite Pfanne hochfahren", ruft Mario nach hinten zu Inge. Für halb sieben hat sich eine Reisegruppe angemeldet. Reisegruppen melden sich meistens an, auch wenn sie nicht erst kurz vor der Schließung oder schon am frühsten Vormittag kommen wollen. Von mittags bis gegen sechs Uhr abends laufen aber ohnehin alle Pfannen auf Hochtouren, und die Kühlfächer sind immer gefüllt mit Vorräten. Mehr geht nicht, auch wenn man sich vorher anmeldet. Andreas steigt in den Keller runter, um neue Getränkekästen heraufzuholen, und Conny sorgt wieder vor der Bude für Ordnung: Tische abwischen, leere Flaschen wegräumen und volle Papierkörbe leeren. Liane stellt sich im Anbau darauf ein, dass die Reisegruppe womöglich auch frisch gebrühten Kaffee trinken will. Viola ist froh, dass es eine französische Reisegruppe ist, die so kurz vor Feierabend kommen wird, denn Franzosen wissen in der Regel, was sie wollen. Sie haben sich immer vorher auf der Homepage informiert. Selbst wenn am Ende nicht alles auf eine Rechnung geht, sondern jeder für sich bezahlt, geht's ruckzuck, denn alle haben das Geld meist abgezählt in der Hand. Spanier und Italiener erlebt sie dagegen als ausgesprochen gelassen. Ehe die sich entscheiden, was sie wollen! Richtig heftig wird's allerdings, wenn Russen kommen. Die meisten sprechen kein Deutsch, selten Englisch, so dass immer ein Übersetzer dabei ist. Der übersetzt dann erst mal für jeden Einzelnen die Speisetafel, gibt gute Ratschläge, und übersetzt dann für Viola, wofür sich der jeweilige Gast entschieden hat. Da wird selbst sie hibbelig. Gern wüsste sie, warum das bei Schülergruppen anders läuft, egal, woher sie kommen. Die wissen in aller Regel Bescheid und sind schnell abgefertigt.

Immer wieder aber passiert es, dass sich ein nicht Dazugehöriger in eine dieser Gruppe verirrt und seine Wurst bestellt. Wenn Mario dann den Preis dafür mit in die Gesamtrechnung tippt, und jemand erst später merkt, dass ein oder zwei ‚blinde Passagiere' dabei waren, dann geht die ganze Rechnerei von vorn los. Das hält natürlich den Betrieb auf, und so was kann er gar nicht leiden.

Eine Kundin bestellt Bockwurst. Marios Gesicht hellt sich auf. Endlich mal eine Abwechslung. Aber schon verfinstert es sich wieder, denn die Kundin fragt, wieso sie die Wurst nicht geschnitten bekomme. Weil hier aber mit einer Maschine geschnitten wird, und zwar nur Currywürste, braucht, wer eine Bockwurst essen, aber nicht anfassen will, ein Besteck. Für solche Fälle wickelt Viola morgens einen Vorrat an Plastikbesteck in Papierservietten. Der Behälter damit steht allerdings vor den Augen der Kunden hinter der Kasse verborgen, um zu verhindern, dass sich jeder eins nimmt, einfach so, weil es umsonst ist. Wer Besteck verlangt, nur weil er seine Wurst nicht anfassen will, erntet mindestens einen schiefen Blick von Mario. Die Kundin scheint in seinem Gesicht lesen zu können. Sie greift nach dem Körbchen, in dem Brötchen und Plastikbesteck liegen und will schnell weg damit. „Achtung", warnt Viola lachend, „da hängt ‚ne Verkäuferin dran!" Immer wieder denken Kunden, dass dieses Körbchen ein Transportbehälter sei und wollen es reflexartig mitnehmen. Eine prima Gelegenheit für einen Witz, so wie jetzt. Petra und Peter J. können die Szene von ihrem Platz am Stehtisch aus beobachten und amüsieren sich. Früher waren sie Stammkunden bei Konnopke's. Bis 1988 haben sie zwanzig Jahre lang in der Oderberger Straße gelebt und gehörten fest zum Kreis der Maler, Fotografen und Bildhauer, die dort wohnten. Mit dem Grafiker Frank Leuchte, der 1992 gestorben ist, waren sie besonders eng befreundet. Immer, wenn sie eine Art Heimweh auf den Weg von Dessau nach Berlin treibt, machen sie Station bei Konnopke's. Die Wurst vor sich, hebt Peter J. dann jedes Mal den Blick gen Himmel und sagt: „Wir essen jetzt eine Frank Leuchte-Gedächtniswurst." Ein unverzichtbares Ritual.

Mehr als eine Würstchenbude

Das Ringen um den Standort von Konnopke's hat in den vergan-
genen zwei, drei Jahren einen Verlauf genommen, für den viele Journalisten dankbar waren, weil es Stoff für reißerische Geschichten
in Zeitungen und Illustrierten lieferte. Aber selbst Bezirksstadtrat
Jens-Holger Kirchner, der direkt in die Lösung der Probleme invol-
viert gewesen ist, schreibt dieser Geschichte einen gewissen Un-
terhaltungswert zu; zumindest für alle, die nicht unmittelbar von ihr
betroffen waren.

Worum ging es? Nach jahrelangem Stückwerk, in dessen
Folge die Kreuzung Schönhauser Allee/Danziger Straße/Ebers-
walder Straße/Kastanienallee eine Baustelle geblieben war, die nur
ihr konkretes Gesicht immer wieder veränderte, und den sich ebenfalls ewig dahinschleppenden Sanierungsarbeiten der BVG am U-
Bahnviadukt, zeichnete sich 2009 allmählich ein Gesamtkonzept ab.
Der Stadtbezirk, die BVG, das Tiefbauamt und der Denkmalschutz
waren endlich zu einem gemeinsamen Plan mit gegenseitiger Abstimmung ihrer Interessen gekommen, bei deren Wahrung es aber
nie darum gegangen sei, Konnopke's zu beseitigen.

Stattdessen ging es seit Ende 2009 darum, Waltraud
Ziervogel mit ihrem Imbiss in dieses Konzept zu integrieren. Auf
ihrer Seite hatte sich jedoch inzwischen eine gewisse Gelassenheit,
um nicht zu sagen: Verhärtung eingestellt. Denn schon seit Anfang
der 1990er Jahre hatte es heute hü und morgen hott geheißen.
Viel Bürokratie, viel Ärger, und herausgekommen war bisher nichts.
In den Diskussionen mit Jens-Holger Kirchner, die sich seit seinem
Amtsantritt 2006 um das drehten, woran Waltraud Ziervogel mit
ganzem Herzen hing, war man nicht übereingekommen. Nicht über
eine alle Seiten befriedigende Lösung der Einhausung des Imbiss-
gartens, nicht über die Bemalung der Säulen unterm Viadukt. Auch
nicht über den seit 2005 nach neuen EU-Kriterien zu bewertenden
Standard des Kiosks selbst, der nach mehr als zwanzigjährigem
Betrieb ganz normale Verschleißerscheinungen zu zeigen begann
und keine Umkleidemöglichkeiten und Toiletten für Mitarbeiter hat.

Die dafür angemietete Wohnung wollte die Kommune nicht als Dauerlösung akzeptieren. Die Plastikplanen, mit denen Waltraud Ziervogel die Gäste im Imbissgarten vor Wind und Wetter schützen wollte, gelten als Bauten auf Straßenland und waren nicht genehmigt worden. Viele der etwa vierhundertfünfzig Einzelhändler und ungefähr achthundert Schankwirte im Bezirk allerdings bedrängten die Kommune seit Jahr und Tag, um auf ihren Außenbereichen auch solche Einhausungen errichten zu können. Die von Waltraud Ziervogel 2008 in Auftrag gegebene Bemalung der Säulen, Eigentum der BVG, erfüllte sogar den Tatbestand der Sachbeschädigung. Man war also schon mehrfach hart aneinandergeraten, ohne dass sich ein Silberstreif am Horizont zeigte.

Für Kommune, BVG, Tiefbauamt und Denkmalschutz war die Sache Ende 2009 klar: Die Sanierung des Viadukts erzwinge die Schließung der Imbissbude, denn beim Einsatz von einem extrem

**Stele bei Konnopke's:
Marlene Dietrich.**

starken Sandstrahl gegen alte, hochtoxische Farben und beim Abriss bleihaltiger Bauteile sei ein fortgesetzter Wurstverkauf, den Waltraud Ziervogel wünschte, nicht möglich. Keine Plane dieser Welt würde verhindern können, dass giftiger Feinstaub auf die Würste und ihre Esser fiele. Und weil im selben zeitlichen Zusammenhang die Kreuzung ohnehin so umgebaut werden würde, dass die Laufkundschaft nicht mehr umständehalber am Kiosk vorbeikäme, wenn sie die Straße überquerte, schlug man Konnopke's einen Ausweichstandort vierzig Meter weiter nördlich vor. Man sah darin die für alle Seiten beste Lösung. Die Familie hat diesen Standort besichtigt und befunden: Kommt nicht infrage. Zum Autoverkehr, der am jetzigen Standort lautstark vorbeibraust, käme am neuen noch die Straßenbahn hinzu, die auf beiden Seiten der Allee zu dicht am Kiosk vorbeifahren würde. Außerdem sei es dort viel zu dunkel.

Kein Weg schien an dem Kompromiss vorbeizuführen, nach dem der Kiosk vollständig ausgeräumt und luftdicht verpackt werden sollte, um nach Abschluss der Sanierung wieder eingeräumt, von der Hygiene abgenommen und neu in Betrieb gesetzt werden zu können. Die Kosten in Höhe von 50.000 Euro wollte die BVG übernehmen, weil die Sanierung ja ihr Projekt ist. Streng genommen hätte sie das gar nicht anzubieten brauchen – so Jens-Holger Kirchner. Aber man habe den Kiosk erhalten wollen. Andernfalls wäre seine angeordnete Schließung auf Kosten der Inhaberin gesetzeskonform gewesen. Das aber lag nicht im öffentlichen Interesse, denn Konnopke's ist nicht nur eine Attraktion im Bezirk und weit darüber hinaus, sondern vor allem auch ein Wirtschaftsfaktor.

Die 50.000 Euro Verpackungskosten lieber gleich in einen Neubau des Imbisses zu investieren, wie die BVG vorschlug, war aber so lange kein Thema für Waltraud Ziervogel, solange es um einen Umzug Richtung Norden ging. In ihrem Beharrungswillen fühlte sie sich von den Kunden und von den Medien – besonders dem

regionalen Sender RBB, der „Berliner Zeitung" und dem „Berliner
Kurier" – verstanden und unterstützt. Dass nebenher durch andere
Medien die gut verkäufliche Legende von der armen Würstchenbu-
de aufgemacht wurde, die schon gegen den bösen Osten kämpfen
musste und sich jetzt gegen die neue Wohlfühldiktatur im Prenzlauer Berg zur Wehr setzt: Geschenkt. Wenn's ums Ganze geht, will
jeder ein Stück vom Kuchen haben.

Die Einigung, die im Mai erzielt wurde, hat sehr viel für alle
Beteiligten für sich. Der Kiosk wird nach modernstem Standard und
der Passfähigkeit ins historische Profil des Viadukts an alter Stelle
neu gebaut. Die Kosten trägt die Familie Ziervogel, und sie bekommt
als Unterstützung 35.000 Euro von der BVG dazu. Allerdings werden ihr die Kosten für die Entfernung der Säulenbemalung auferlegt.
Es gibt fünf Jahre Gewähr auf das Sondernutzungsrecht und die
Option auf weitere fünf Jahre dazu, die für Waltraud Ziervogel und
ihren Sohn Mario gelten. Gewiss ist das auch für Waltraud Ziervogel
eine akzeptable Lösung, denn sonst hätte sie sich nicht darauf eingelassen. Nicht für Geld und gute Worte aber wird sie sich darüber

Neuer Konnopke-Kiosk mit Imbissgarten, Modell.

freuen, dass ihr Kiosk, den sie 1983 ihrem Vater noch präsentieren konnte, ehe er 1986 gestorben ist, abgerissen wird. Er ist ihr
Lebenswerk. Mit dem Standort in der Schönhauser Allee hatte es
bis 1990 keinerlei Probleme gegeben. Sie konnte dort immer machen, was sie wollte. Nur der Konnopke-Stand in der Mahlerstraße
in Weißensee war den DDR-Behörden Ende der siebziger Jahre ein
Dorn im Auge. Weil er direkt an der Protokollstrecke lag und die
vorbeifahrende Staatsführung immer die langen Schlangen vor der
Bude sehen konnte, musste er dort weg. Aber das war den Inhabern
Renate und Günter Konnopke schließlich recht, denn die Bude war
ohnehin nicht mehr viel wert; ein Umzug ins Haus dicht neben dem
alten Standort, das obendrein Max Konnopke gehörte, war in jedem
Fall eine Verbesserung.

Für Waltraud Ziervogel hat die erreichte Lösung der
Standortprobleme in der Schönhauser Allee einen weiteren bitteren
Beigeschmack. Seit mehr als fünfzig Jahren jeden Werktag schon
vor Tagesanbruch auf den Beinen, um Würste zu verkaufen, worin
sie nicht nur den Sinn ihres Lebens, sondern auch die Pflege des

Abriss des alten Konnopke-Kiosks, Juli 2010.

elterlichen Erbes sieht, wird es ihr sehr schwer werden, mindestens während des Ersatzverkaufs auf der Mittelinsel untätig zu Hause sitzen zu müssen. Der Wurstwagen ist zu klein, um auch ihren Anbau zu ersetzen. Wie viele ihrer fünfzehn Angestellten bis zur Neuöffnung nur verkürzt oder gar nicht arbeiten können, wird sich noch zeigen.

Die Zukunft von Konnopke's wird immerhin nicht von einem veränderten Standort abhängen, wie die von Herta Heuwers Bude, die auch auf öffentlichem Straßenland gestanden hat. Sie hat die Bude so erfolgreich geführt, dass sie sich den Titel „erste Currywurstbraterei weltweit" dafür sichern ließ, um diesen Erfolg aktenkundig zu machen. Bis zu zwanzig Angestellte hat sie dort beschäftigt, die dafür sorgten, dass täglich immer mehr Berliner in der Schlange standen, um Heuwers „Spezial Curry-Bratwurst" zu verzehren. Dass sie die Wurst ab 1962 vom Fleischermeister

Neue Bude in Weißensee, 1984.

Hermann Lemke bezog, haben die Kunden gar nicht bemerkt oder ihr verziehen, nicht aber den Wechsel des Standortes. Weil am stadtbekannten Platz ein Neubau errichtet werden sollte, musste Herta Heuwer umziehen. Öffentliches Interesse an öffentlichem Straßenland wog schon damals schwerer als das Geschäftsinteresse von Imbissbesitzern, deren Bude auf solchem Gelände stand. Kundengelüste hin oder her. Den Weg zu ihrer neuen Garküche, keine gefühlten zwanzig Meter vom alten Standort entfernt in der Kaiser-Friedrich-Straße 59, schlugen dann jedenfalls nur noch so wenige ein, dass sie den Imbiss Ende der siebziger Jahre verkaufen musste. Zumal Ehemann Kurt, schwer erkrankt, ihr nicht mehr zur Hand gehen konnte und schließlich starb. Nachfolger, also Kinder, hatten die Heuwers nicht.

Auf öffentlichem Straßenland zu stehen, bedeutete für viele Westberliner Currywurstbuden ab Beginn der 1980er Jahre das Aus. Der Kudamm, der um diese Zeit den Zusatz Boulettenboulevard angehängt bekam, war für die Bezirksverordnetenversammlung von Charlottenburg 1983 Grund genug für den sogenannten Currywursterlass. Man wollte dem Wildwuchs Einhalt gebieten und keine neuen Genehmigungen mehr erteilen. Bereits erteilte konnten nur dann auf die einjährige Verlängerung der Sondernutzungsrechte hoffen, wenn Kontrollen keinerlei Unbedenklichkeiten ergaben. In der Anwendung dieses Erlasses sind nach und nach alle Currywurstbuden vom öffentlichen Straßenland des Kurfürstendamms verschwunden. Darunter werden gewiss etliche schwarze Schafe gewesen sein, ziemlich wahrscheinlich aber nicht nur solche.

Dem Betreiber der stadtbekannten Bude am Charlottenburger Amtsgerichtsplatz hatte man schon 1983 mitgeteilt, dass ihm der Verkauf seines Imbisses an einen Nachfolger nicht genehmigt werden würde. Als er sich 2005 zur Ruhe setzen wollte und auch schon einen Nachfolger gefunden hatte, nutzte aller Protest rein gar nichts: Die Currywurstbude wurde geschlossen und abgeris-

sen. Wer sich allerdings noch an den Geschmack der dort erhält-
lichen Wurst erinnert, kann seit 2006 zu Eckert's in der Wilmersdorfer Straße gehen und prüfen, ob der Besitzer zu Recht damit
wirbt, dass er die einst legendäre Currywurst vom Amtsgerichtsplatz verkauft. Er konnte den Fleischer ausfindig machen, von dem
diese Bude beliefert wurde.

Viele Kaufhäuser und Supermärkte haben sich diese Entwicklung zunutze gemacht, indem sie Teile ihrer Erdgeschossflächen
an Currywurstimbisse vermieteten. Ein Argument der CDU-Fraktion
in der Bezirksverordnetenversammlung Charlottenburg, den Erlass
auch im Jahr 2005 nicht zu revidieren, bezog sich darauf, dass es
sehr viele leerstehende Ladengeschäfte gebe, die als Currywurst-
stände eingerichtet werden könnten. Der Losung „Rettet die Currywurst", der die Fraktionen der SPD, der FDP und die fraktionslose
Linkspartei/PDS zuneigten – mit Hinweis auf Bürgerfreundlichkeit
bzw. Arbeitsplatzsicherung – hielt die CDU entgegen, dass man
für die Currywurst keine Ausnahme machen könne, sondern eine
großzügige Genehmigungspraxis dann auch gegenüber Dönerbuden

Currywurstbude am Amtsgerichtsplatz, 1999.

und Crêpes-Ständen walten lassen müsse. Unter diesem Aspekt lässt sich zum Beschluss über den Bestandsschutz von Konnopke's eigentlich nur sagen: Chapeau Pankow-Prenzlauer Berg!

Aber selbst als Mieter auf einem privaten Grundstück konnte man Pech haben, wie Harald Köhring es erfahren musste. 1963 hatte er auf einem Ruinengrundstück in der Wilmersdorfer Blissestraße eine verwilderte Bretterbude gemietet. Der Grundstückseigner verlangte dafür eine monatliche Miete von fünfzig Mark. Das war nicht wenig bei einem Wochenlohn von sechsundsiebzig Mark, den Köhring als Fleischer bei Maximilian verdiente. Im April jedenfalls eröffnete er seinen Currywurststand, stellte eine Verkäuferin ein und stand nach Feierabend selbst hinter dem Bräter. Als aber der Vermieter sah, wie gut der Laden lief, schickte er seinem Mieter zum Oktober die Kündigung und die Aufforderung, die Bude zu räumen. Er wolle an dieser Stelle jetzt bauen. Zwar besorgte Köhring sich sofort eine einstweilige Verfügung, aber der Vermieter blieb unbeirrt. Er ließ das Gelände einzäunen, rückte mit zwei großen Baufahrzeugen an. Seine Rücksicht auf Harald Köhring beschränkte sich darauf, dass er bei Maximilian anrief, um ihm auszurichten, er werde jetzt mit dem Abriss der Bude beginnen, egal, ob da eine Verkäuferin drin stehe oder nicht. In seiner ohnmächtigen Wut ist dieser dem Rat eines Freundes gefolgt und schlug in der Nacht darauf die Bude, die er eben erst aus eigener Kraft hergerichtet hatte, mit einer Axt in Stücke. Und dann klagte er gegen den Vermieter, der im Übrigen gar nicht bauen, sondern das gute Geschäft, das Harald Köhring mit seinen Würsten gemacht hat, einfach nur selbst machen wollte. Beim Lieferanten Maximilian wies ihm Frank Friedrich jedoch die Tür. Er weigerte sich, dem Konkurrenten des Kollegen und Freundes Currywürste zu verkaufen.

Unterdessen hatte Harald Köhring seine Klage gewonnen. Und er wurde entschädigt. Den Spruch des Richters, er hätte nicht studiert, wenn er gewusst hätte, wie viel Geld man mit Würste

verkaufen verdienen könnte, schluckte er runter und kümmerte
sich lieber um einen neuen Standort. Weil er den Platz in der Blissestraße von Rechts wegen nicht hätte räumen müssen, erteilte ihm
das Bezirksamt Wilmersdorf eine Ausnahmegenehmigung, die ihm
erlaubte, einen Wurstanhänger auf die Straße zu stellen. Das war
der erste Wurstanhänger auf öffentlichem Berliner Straßenland
überhaupt, den Harald Köhring 1964 in der Blissestraße, nur zwanzig Meter von der Bude seines ehemaligen Vermieters entfernt, in
Betrieb nehmen konnte. Ein kleines rundes Ei, das nachts weggerollt
werden konnte. Seine Kunden blieben ihm treu.

   Bis 1980 ging alles bestens, aber dann sollte die Kreuzung umgebaut werden. Das Bezirksamt bot ihm und dem Inhaber
des Zeitungskiosks auf der anderen Seite der Kreuzung an, sich
zusammenzutun und gemeinsam einen neuen Kiosk zu betreiben.
Der Zeitungshändler sprang jedoch ab, als er hörte, dass der
neue Kiosk 220.000 DM kosten sollte. Was nun, wo es doch hieß:
Beides oder keins von beidem? Also holte Köhring sich daraufhin die
Genehmigung ein, den Kiosk zusammen mit einem Pächter zu be-

Maximilian, Blissestraße 17.

treiben. Für das fehlende Kapital beantragte er bei der Senatsbank einen dieser zinsgünstigen Existenzgründerkredite. 100.000 DM brauchte er noch, den Rest hatte er selbst. Mit der Begründung: „Für Wurschtbuden geben wir das Geld nicht aus", wurde sein Antrag jedoch abgewiesen. Köhring gab aber nicht klein bei, sondern nahm einen wesentlich teureren Kredit bei seiner Hausbank auf. Und dann machte er Nägel mit Köpfen: 1983 baute er den Kiosk an der Blissestraße/Ecke Hildegardstraße. Inzwischen steht der unter Denkmalschutz; Harald Köhring hat ihn verpachtet an Leo, einen der beiden Söhne von Frank Friedrich.

Nach und nach verpachtete oder verkaufte Harald Köhring auch seine anderen sieben Imbisse – fünf davon als Maximilian-Buden auf dem Gelände von Aldi-Märkten in Neukölln und Steglitz – nachdem er 1981 den von Herbert Krasselt am Steglitzer Damm übernommen hatte.

Weil Krasselt sich zur Ruhe setzen wollte, erkundigte er sich bei Maximilian, ob man dort einen geeigneten Nachfolger wisse; empfohlen wurde ihm Harald Köhring. Krasselt zögerte nicht, dem eher schmal gebauten Mann die Energie zuzutrauen, sein gut gehendes Geschäft so weiterzuführen, dass die Stammkunden nichts vermissen würden. Er kannte ihn selbst noch von früher, weil Köhring neben seiner Arbeit in der Fleischerei Maximilian auch Liefertouren gefahren ist und die Zehlendorfer Tour dazugehörte. Das Geschäft wurde im Büro von Frank Friedrich mit Handschlag besiegelt. So weit, so gut, aber doch noch nicht alles unter Dach und Fach, denn der Vermieter des Hauses am Steglitzer Damm 24, Herr Marx, war misstrauisch. Harald Köhring sollte sich erst einmal beweisen. Deshalb kam es zu keinem Kauf des Gewerbes und zu keinem Mietvertrag, sondern erst einmal nur zu einem Pachtvertrag über die Dauer von fünf Jahren. Harald Köhring rechnet es seinem Vorgänger bis heute hoch an, dass er das Geld für die Pacht dann vom vereinbarten Kaufpreis abgezogen hat.

Klaus-Peter Bier hatte nie Probleme mit seinem privaten Vermieter, weder am Kudamm 185 noch später zehn Hausnummern weiter. Stattdessen bekam er Probleme mit der Bezirksverwaltung und dem Tiefbauamt, die es in sich hatten und alle Kriterien einer Ämtergroteske erfüllten.

Unversehens, Anfang der siebziger Jahre, wurde Klaus-Peter Bier nämlich vom Tiefbauamt aufgefordert, seinen Imbisswagen, der im Vorgarten des Hauses am Kudamm 185 – also auf privatem Grund – stand, zu entfernen. Dessen Besitzer, Sigfried Prays, der sich seit 1971 mit der Stadt in einem Eigentumsstreit um seinen Vorgarten befand, beschied jedoch, dass der Wagen dort stehen bleiben dürfe. Und ebenso plötzlich, wie die Aufforderung zur Räumung des Geländes gekommen war, fand Bier den Vorgarten umzingelt von Pollern. Eingesetzt vom Tiefbauamt und zwar mitten in der Nacht. Selbst wenn er der Aufforderung zur Räumung hätte nachkommen wollen: Jetzt wäre es gar nicht mehr gegangen. Umso besser. Die Kunden kamen trotzdem und werden das womöglich noch lieber getan haben als zuvor. Und so ging es weiter bis 1985, als der Imbiss ins Haus selbst einzog. In diesen Umzug investierte Klaus-Peter Bier 150.000 DM; das Tiefbauamt genehmigte ihm das Aufstellen von zwanzig Stehtischen. Nach der Sanierung der Hausfassade und Beratung mit dem Landeskonservator schaffte Bier aber acht Stehtische aus Marmor an. Der Konservator war vom neuen Gesamteindruck hellauf begeistert. Das Tiefbauamt jedoch war es nicht und beschlagnahmte am 11. Juli 1988 alle acht Tische samt Sonnenschirm. Grund und Boden gehörten nämlich jetzt der Stadt. Prays hatte im Frühjahr 1987 den sechzehn Jahre währenden Rechtsstreit verloren, woran auch das Bundesverfassungsgericht nichts änderte. Der Streit beruhte auf einem Bebauungsplan des Kurfürstendamms von 1957, der dessen Verbreiterung vorsah. Prays hatte jedoch keine Freude an einem öden grauen Vorplatz und hatte die Fläche mit Unterstützung vom Wirtschafts- und vom Umweltamt begrünen lassen. So war der Vorgarten, das Paradies für Kudamm 185, entstanden. Per Gerichtsbeschluss vom Frühjahr 1987 waren aber dem Bezirk das Vorkaufsrecht für Gehweg und

Vorgarten zugesprochen und die Tische zu einem Problem geworden. Bier stellte sofort einen Antrag auf Sondernutzung, der aber mit einer hanebüchenen Begründung abgewiesen wurde: Der Verzehr von Würsten auf Pappschalen, an Stehtischen stehend, passe auf Jahrmärkte oder in Sportstadien, niemals aber auf Berlins ersten Boulevard, der nur der gehobenen Gastronomie vorbehalten sei. Dabei spielte es keine Rolle, dass Biers Tische aus Marmor waren und die Würste auf irdenem Geschirr serviert wurden. Das Tiefbauamt holte die Tische einfach ab. Stattdessen wurde Bier erlaubt, Tische und Stühle aus Plastik hinzustellen, damit das alles eher nach einem netten Straßencafé aussah. Aber auch das war nur eine vorübergehende Option; im Oktober 1988 sollten Tische und Stühle wieder verschwinden, und zwar für immer. Zu seiner Verblüffung bekam Klaus-Peter Bier aber im Oktober Post vom Bezirksamt: drei Marmortische wären erlaubt.

Über zwanzig Jahre war alles glatt gegangen; Kudamm 185 hatte sich seit 1966 den Rang von Berlins berühmtester Currywurst-Boutique erbrutzelt, und plötzlich stand laut wiehernd der Amtsschimmel vor der Tür, oder eher mehrere, von denen jeder etwas anderes für recht und billig erklärte. Für das vom Tiefbauamt nicht genehmigte Aufstellen von drei Marmortischen musste er jedenfalls im November 1988 eine Geldstrafe in Höhe von 3.500 DM bezahlen. Und wenn er durch den Brand im Dezember 1989 nicht einen wirtschaftlichen Totalschaden zu verkraften gehabt hätte, wäre die zweite Geldstrafe, die man ihm im Januar 1990 wegen „Zuwiderhandlung gegen das Straßengesetz" aufbrummte – er hatte die Tische natürlich nicht beseitigt –, wohl noch höher ausgefallen. Begründung: Der Bezirk habe kein Genehmigungsrecht gehabt, das sei ausschließlich Sache des Tiefbauamts gewesen, und dieses habe die Tische nicht gewollt. Über viertausend Unterschriften von Kunden und Beschlüsse der BVV Charlottenburg, die im Sinne Klaus-Peter Biers gefasst worden waren, haben diesen „Tischekrieg" und seinen absurden Ausgang nicht abwenden können.

Der Name ist nicht Schall noch Rauch

Solange Harald Köhring noch selbst am Bräter von Krasselt's stand, also bis vor zehn Jahren, wurde er von Kunden immer wieder mit „Herr Krasselt" angesprochen, sogar von Stammkunden seines Vorgängers. Er gewöhnte sich daran und ließ die Verwechslung auf sich beruhen. Wenn der Name einer Currywurstbude mit dem des Besitzers identisch ist, wird ein Besitzerwechsel, der sich im Wechsel des Namens zu erkennen gibt, zum Risiko. Für eine Bude ist der Name Programm wie für jede andere Firma auch. Durch seine jahrzehntelangen Erfahrungen mit dem Imbissgeschäft wusste Harald Köhring, dass man an einer gut gehenden Bude so wenig wie möglich ändern darf, wenn man die Kunden halten will. Kunden verbinden mit einer bestimmten Bude oft ganz bestimmte Erwartungen, die für die Geschmacksempfindungen eine wichtige Rolle spielen. Dabei geht es längst nicht nur um die Wurst. Dabei geht es auch um einen vertrauten Blick in die Umgebung, um Gerüche und Geräusche, um bekannte Gesichter hinterm Tresen, das Erscheinungsbild der Bude, bis hin zum Schriftzug ihres Namens – kurz: um ein ganzes Bündel von Sinneswahrnehmungen, die allgemein mit dem Begriff „Flair" umschrieben werden.

Harald Köhring entschied sich also mit gutem Grund dafür, so viel wie möglich von dem, woran die Kunden gewöhnt waren, beim Alten zu belassen. Also auch den Namen der Bude. Allein das Angebot erweiterte er, indem er Pommes und zur Coca Cola noch andere Getränke ins Programm nahm. Seine beiden derzeit langjährigsten Mitarbeiterinnen Gabriele Schmidt und Elke Celik schätzen es sehr, dass er grundsätzlich „konservativ" sei, indem er sogar an der inneren Ordnung der Bude nichts verändert haben wolle. Immer stehe alles an dem Platz, an dem es seit je steht.

Die Idee, den Namen des Inhabers im Namen der Bude zu verankern, kam Klaus-Peter Bier die längste Zeit nicht in den Sinn. Mit dem Standort Kudamm zu werben, war so erfolgreich, dass ihm alle seine Stammkunden nach der vom Hausbrand erzwungenen Geschäftspause am Kudamm 185 zehn Monate später zum

Kudamm 195 gefolgt sind. Erst Mitte der neunziger Jahre, nach der Eröffnung der Filiale in der Kantstraße 7 fügte er seinen Namen zum Firmennamen hinzu, so dass an beiden Imbissen und auch am neusten am Bahnhof Friedrichstraße der Name „Bier's" steht. Das Modell, einen Imbiss nach dem Standort zu benennen, also aus Straßennamen und Hausnummer den Firmennamen zu kombinieren, hat seither übrigens zahlreiche Nachahmer gefunden.

Auch für Lutz Stenschke war von Anfang an ausgemacht, dass sein Name nicht im Firmennamen auftauchen solle. Hier war keine falsche Bescheidenheit im Spiel, sondern die Gewissheit, dass ein Besitzerwechsel mit größten Startschwierigkeiten für den Nachfolger verbunden sein würde, wenn dieser nicht auch den Namen übernimmt. Für ihn selbst war aber nicht mal ein Name zur Hand, als er seinem Vorgänger das Gewerbe abkaufte, denn der nannte sich schlicht „Wurstmaxe" wie etliche andere Berliner Wurstverkäufer auch. Dieser Name hatte sich schon um die Wende vom 19. zum 20. Jahrhundert als Begriff durchgesetzt. Sieben Jahre führten

Roland Dietl bei Bier's in der Kantstraße 7.

Vera und Lutz Stenschke ihre Currywurstbude gewissermaßen namenlos, denn der Kundenstamm war an beide gewöhnt, weil der Wurstmaxe nach dem Verkauf noch ein Jahr lang an ihrem Stand mitgearbeitet hatte.

1987 aber überlegte Lutz Stenschke dann doch, seiner Bude einen Namen zu geben. Originell sollte er sein. Nicht etwa Imbiss heißen, weil das ja schon an Hunderten anderer Buden dran stand. Was er denn verkaufen wolle, habe ihn der zu Rat gezogene Werbefachmann gefragt. „Na, Curry", war seine Antwort, weil man als echter Berliner die Wurst, die er verkaufte, eben so nennt. Na, dann solle er doch einfach Curry dran schreiben. Das allein schien Lutz Stenschke dann aber doch ein bisschen zu knapp. Also bestand er drauf, dass unter dem Wort Curry noch eine Wurst abgebildet wurde und ein Ketchupklecks. Eine Wortbildmarke also. Das ganze als silbernes Schild. Gesagt, getan. Beim Tiefbauamt, das um die Genehmigung ersucht werden musste, dieses Schild anzubringen, wies man ihn darauf hin, dass die Hausnummer verdeckt sein würde, wenn er das Schild an der von ihm vorgesehenen Stelle anbringe. Und das gehe nicht. Vorschlag zur Güte: Er solle die Hausnummer einfach mit auf das Schild setzen lassen und darauf achten, dass es immer beleuchtet sei, denn das sei neuerdings Vorschrift. Gut, daran sollte die Sache nun nicht scheitern. Das Schild wurde angefertigt, über der Haustür, in deren Eingang der Wurstwagen stand, befestigt, und fortan hörten die Stenschkes immer wieder, dass von ihrer Bude unter dem Namen Curry 36 die Rede war. Bis sie beide, so erzählen sie heute, es irgendwann selbst geglaubt haben: „Wir sind Curry 36". Der Name der Bude ist also ein Gemeinschaftswerk von Lutz Stenschke, dem Werbefachmann, dem Tiefbauamt und den Kunden.

Das kleine Schild hängt noch jetzt über der Haustür. Auf dem Firmenschild, das seit dem Umzug ins Haus auf die Bude aufmerksam macht, finden sich inzwischen aber nur noch das Wort Curry und die Zahl 36, während die Wurst den Sprung auf die neue rot leuchtende Inschrift über dem jetzigen Ladengeschäft nicht geschafft hat. Sie ist auch auf keinem Briefkopf mehr zu finden, denn sie hat ihre bezeichnende Funktion verloren. Kein Mensch denkt bei „Curry 36" etwa an einen Thai-Imbiss. Allerdings denken Touristen, die sich auf den Weg dorthin machen, noch oft, dass er sie ins Zentrum des berühmten oder berüchtigten, jedenfalls einst angesagten Szenebezirks SO 36 führen würde. Die Wurst und das Flair vor der Bude werden sie für mögliche Enttäuschungen entschädigen, wenn sie feststellen, dass sie in Kreuzberg 61 gelandet sind, das diesen Ruf nie hatte. Denn womöglich werden sie inzwischen dort am ehesten finden, was sie sich von SO 36 versprochen haben: ein bunt gemischtes Volk nämlich, wie es sich aus SO 36 allmählich zurückzieht: Künstler, Alternative, Leute wie du und ich, Berliner Deutsche, Türken und Iraner, Touristenpublikum aus aller Welt, und alle friedlich beieinander. Man hört von Millionären, die sich am ehedem von ihnen entschieden gemiedenen Chamissoplatz niederlassen. Auch davon, dass das in Laufnähe zu Curry 36 liegende Reuter-Viertel für die dort bisher ansässigen alternativen (Lebens-)Künstler inzwischen zu teuer geworden ist, ist neuerdings die Rede. Berlin bewegt sich, ist wirklich aus dem Dornröschenschlaf erwacht.

Allerdings sind auch Trittbrettfahrer erwacht, denn unterwegs in Berlin entdeckt man immer wieder und immer öfter Buden, die sich den Namen „Curry" auf die Stirn geschrieben haben und die Nummer des sie beherbergenden Hauses daneben. Wie lange wird Lutz Stenschke es sich noch leisten wollen, zu sagen, dass dieses Kopier-Unwesen ein Indiz für seinen Erfolg sei, dass man sich Neid hart erarbeiten müsse, Mitleid aber geschenkt bekomme? Immerhin hat er sich den Namen Curry 36 schützen lassen, und seine Anwältin rät, dem Kopier-Unwesen entgegenzutreten. Eine schlechte Currywurst bei Curry haste-nicht-gesehen könnte auf seinen Ruf schädlichen Einfluss haben.

Konnopke's heißt seit eh und je Konnopke's. Auch Waltraud Ziervogel kam nie auf die Idee, ihre Bude auf ihren Namen umzutaufen, auch wenn die erst unter ihrer Inhaberschaft zu der Institution geworden ist, die der Bezirk und die BVG im eigenen Interesse erhalten wollen. Dennoch verbindet sich mit diesem Namen eine Geschichte, nach der niemand aus der Familie gern, aber immer wieder, von Kunden gefragt wird. Nämlich was Konnopke's im Prenzlauer Berg mit Konnopke's in Weißensee zu tun habe. Nichts, lautet dann die Antwort. Denn Günter Konnopke hat seinen Imbiss im Jahr 2001 verkauft. Damals ein gefundenes Fressen für die Regenbogenpresse, gegen deren Schmähungen Renate Konnopke, die von Günter Konnopke geschiedene Ehefrau, vergeblich gerichtlich vorgegangen ist. Dies sei Pressefreiheit, wurde ihr entgegengehalten. Inzwischen ist über die Sache das Gras des normalen Ver-

gessens gewachsen. Es wieder auszurupfen, lohnt sich nicht.
Dass ihr Bruder aber nicht nur seine Bude verkaufte, sondern zugleich deren Namen, ließ Waltraud Ziervogel den Gang vor Gericht
geboten und lohnend erscheinen. Denn die in Weißensee verkaufte
Wurst hatte mit der von ihr verkauften genauso wenig zu tun wie
die Soße, deren Rezept der neue Inhaber nicht kannte. Jeder Curry-
wurstfreund und Anhänger einer nur ganz bestimmten Kombination
aus Wurst und Soße wird sich in die Irre geführt fühlen, wenn ihm
unter demselben Namen zwei völlig verschiedene Produkte verkauft
werden. Dabei kann die Frage, welches besser schmeckt, getrost
außen vor gelassen werden, weil sich über Geschmack nicht streiten lässt. Auch nicht vor Gericht. Der Richter, der über Waltraud
Ziervogels Klage gegen den Bruder Günter Konnopke zu befinden
hatte, verkündete, dass ihr keinerlei Nachteile entstünden, weil der
Schriftzug über der Bude in Weißensee sich von dem ihrer Bude im
Prenzlauer Berg deutlich unterscheide, Wurst und Soße also nicht

**Das Konnopke-Team mit
dem Gastro Award, März 2010.**

mit der Erwartung gekauft würden, der vom Prenzlauer Berg zum Verwechseln ähnlich zu sein. Sie verlor den Prozess. Wenn es ihr noch immer aufs Gewinnen in dieser Sache ankäme, dann könnte sie sich inzwischen als Siegerin fühlen, denn um Konnopke's in Weißensee ist es seit dem Verkauf an einen neuen Besitzer sehr still geworden, wenigstens in den Medien mit ihrer Bedeutung zuschreibenden Funktion.

Stand Halten

Für Imbissbuden jeglicher Art ist es eigentlich typisch, dass sie ebenso plötzlich da sind wie sie auch wieder verschwinden. Die Gründe dafür können ganz unterschiedliche sein, und nicht in jedem Fall hat ein Inhaber unmittelbaren Einfluss darauf. In mancher Hinsicht aber hat er die Dinge doch in der Hand, etwa im sensiblen Bereich der Personalführung und im Bestehen vor der Konkurrenz. Dass es die vier Currywurstbuden, um die es hier geht, seit vielen Jahrzehnten

gibt, ist ungewöhnlich. Sie sind von keiner Konkurrenz verdrängt worden und haben einen festen Mitarbeiterstamm.

Vorgängerzeiten eingerechnet – wie bei Curry 36 und Krasselt's – gibt es Konnopke's seit 1930, Curry 36 seit 1952, Krasselt's seit 1959 und Bier's Kudamm 195 seit 1966. Gemessen an den Steuern, die sie abführen und an der Zahl ihrer Angestellten, gehören sie zu den nennenswerten Wirtschaftsfaktoren in ihren Bezirken.

Dass die Anziehungskraft einer Currywurstbude in beträchtlichem Maß vom dort beschäftigten Team abhängt, muss wohl nicht mehr eigens betont werden. Was aber hat die Angestellten in diese vier Buden gezogen? Immerhin findet man gute Verkäufer nicht an jeder Ecke, schon gar nicht für die körperlich anstrengende Arbeit, die an Imbissbuden anfällt. Und dass sie miteinander klar kommen, ist auch kein Naturgesetz.

Konnopke's beschäftigt fünfzehn Mitarbeiter, darunter viele, die seit Jahrzehnten dabei sind: Ingrid Dietrich ist, mit kurzen Unterbrechungen am Anfang, seit achtunddreißig Jahren dabei; sie kennt ihre jetzige Chefin noch als gleichgestellte Kollegin. Monika Wendt arbeitet seit neunundzwanzig Jahren bei Konnopke's und Heike Buchholz seit sechsundzwanzig – die drei sind die Dienstältesten. Die meisten anderen gehören seit mehr als zehn Jahren dazu.

Von den zweiundzwanzig Angestellten bei Curry 36 gehören Denny und Peggy mit einundzwanzig und fünfzehn Dienstjahren am längsten zum Team.

Karin Miersebach, die Harald Köhring von seinem Imbiss in der Blissestraße zu Krasselt's mitbrachte, war zweiunddreißig Jahre bei ihm beschäftigt und wäre es wohl noch heute, wenn sie nicht vor kurzem gestorben wäre. Von seinen sieben Angestellten und einer Kraft auf 400-Euro-Basis sind jetzt Elke Celik und Gabriele Schmidt mit achtzehn und fünfzehn Jahren diejenigen, die am längsten bei ihm arbeiten. Der mit Abstand Dienstälteste im zwanzigköpfigen

Team von Bier's Kudamm 195 ist Roland Dietl, der seit achtunddreißig Jahren Bier's Currywürste verkauft.

Der sicher interessanten Frage, ob es sich dabei in be-
triebswirtschaftlicher Perspektive um Familienunternehmen handelt
oder um eigentümergeführte, und was sich anhand der Befunde
über diese Unternehmensgattungen im Hinblick auf Nachhaltigkeit,
Effizienz und Bedingungen ihres Erfolgs aussagen ließe, soll aber
hier nicht nachgegangen werden. Denn die verwandtschaftlichen
und sozialen Beziehungen zwischen den Angestellten und denen zu
ihren Chefs, die Beziehungen, die Mitarbeiter zu ihren Buden zum
Teil schon als Kinder hatten, spielen für das Betriebsklima und damit
den Bestand der Buden eine ganz wesentliche Rolle.

Um mit der ältesten Bude anzufangen: In der DDR gab es
keine Stellenanzeigen. Und Kindergartenplätze gab es nur für Be-
rufstätige. Als Ingrid Dietrich nach der Geburt ihres Sohnes wieder
arbeiten gehen wollte und deshalb einen Kindergartenplatz beantragte, wies man sie zurück mit der Begründung, dass ihr Mann
schließlich arbeiten gehe, die Familie also ihr Auskommen habe.
Das hatte sie jedoch nicht, denn so üppig verdiente der Mann nicht.
Ingrid Dietrich hatte aber Glück, denn sie konnte den Sohn bei ihrer
Mutter unterbringen, als sie vom Hörensagen erfuhr, dass man bei
Konnopke's Mitarbeiter suchte. Die waren froh über ihr Interesse,
denn diejenigen, die dort auf Betreiben der Behörden vorstellig, also
von Amts wegen vermittelt wurden, fielen unter den sogenannten
Asozialenparagraphen. Schon beim Blick in den Versicherungsaus-
weis – so Kurt Ziervogel – konnte man sehen, mit wem man es zu
tun bekam. Und die schlimmsten Befürchtungen haben sich in aller
Regel bestätigt. Weil mit einer Haftstrafe von bis zu zwei Jahren
rechnen musste, wer sich einer zugewiesenen Arbeit entzog, waren
diese Kandidaten am liebsten angestellt krankgeschrieben. Per Aus-
hang im Budenfenster war Konnopke's ständig auf Mitarbeitersuche
und konnte sicher sein, dass sich das herumsprach. Ingrid Dietrich
wurde von Max Konnopke zum Einstellungsgespräch nach Hause
bestellt und auf Herz und Nieren geprüft. Und sie bekam die Stelle.

Die Arbeit machte ihr von Anfang an Spaß, und sie verdiente auch gut. Die auch für private Arbeitgeber vom Staat festgelegten, niedrigen Löhne, die man als Wurstverkäufer verdienen konnte, wurden bei Konnopke's durch Umsatzbeteiligungen angehoben. Natürlich nur für die, die den Umsatz auch machten. Nicht lange, und Ingrid Dietrichs Mann fing ebenfalls bei Konnopke's an. Sie in der Früh-, er in der Spätschicht; die Betreuung des Kindes übernahmen sie abwechselnd. Auch Monika Wendt, gelernte Verkäuferin, wollte bald nach der Geburt ihres Sohnes wieder voll arbeiten gehen und war froh, über Bekannte zu erfahren, dass Konnopke's jemanden suchte. Noch froher war sie darüber, keinen Schichtdienst machen zu müssen, wie es in ihrem Beruf sonst üblich war, denn dann wäre die Stelle nichts für sie gewesen. Die junge Mutter wurde für die Frühschicht von acht bis sechzehn Uhr eingeteilt, denn die Konnopkes hatten Sinn für ein geregeltes, nach klassischer Rollenverteilung ablaufendes Familienleben. Sie hielten es selbst so: Charlotte Konnopke hielt die Familie zusammen. Am Imbiss hat sie – entgegen anders lautender Pressemeldungen nach ihrem Tod 2009 – nur bis 1949 gearbeitet, danach nur noch, wenn Not am Mann war. Sie war zu Hause der „ruhende Pol" und konnte sich Zeit für die Bedürfnisse aller nehmen – wie Tochter Waltraud und auch Enkel Mario sagen. Erst nach und nach wurde Monika Wendt bewusst, dass sie sogar einen prominenten Arbeitgeber hatte. „Oh, bei Konnopke's arbeitest du?", kriegte sie von Freunden und Bekannten immer wieder zu hören. Damit, dass Max Konnopke ein strenger Chef war, kam sie klar. Auch dass Kurt Ziervogel nichts duldete, was ihm gegen den Strich ging, akzeptierte sie. Der kleine Rüdiger S., der nach der Schule gern bei Konnopke's eine Currywurst aß, hat sogar akzeptieren müssen, von ihm vor aller Augen blamiert zu werden. Völlig verdattert, dass er den Preis für die Currywurst, das Brötchen und die Brause plötzlich selbst ansagen sollte, hat er sich prompt verrechnet. Kurt Ziervogel, der für schnelles Kopfrechnen bekannt war, lachte ihn laut aus. Wem heute so was passieren würde, der käme wahrscheinlich nicht wieder, sondern ginge zur Konkurrenz. Aber die gab es für Konnopke's ja nicht. Seit anderthalb Jahren arbeitet auch Monika

Wendts Sohn Andreas bei Konnopke's. Der gelernte Tischler darf
aus gesundheitlichen Gründen seinen Beruf nicht mehr ausüben. Er
nahm das Angebot von Waltraud Ziervogel auch deshalb gern an,
weil er sich früher in deren Garten mit kleineren Arbeiten ein bisschen was dazu verdienen konnte. Man kennt und vertraut einander
schon seit langem.

Mario Ziervogel hatte eigentlich andere Pläne, als der
Juniorchef im elterlichen Betrieb zu werden. Ihn zog es mehr zur
Elektrotechnik hin. Großvater Max war sehr enttäuscht, dass Mario
nicht Fleischer werden wollte, wie es ihm vorschwebte. Gewohnt,
sich alle Regeln selbst zu machen, konnte er hier aber nichts
ausrichten. Der Enkel behielt seinen eigenen Kopf. Sich nach drei
Jahren Armeedienst als Meister für Nachrichtentechnik bei den
Berliner Verkehrsbetrieben zu qualifizieren, fand Mario nicht mehr
verlockend, als ihm klar wurde, wie wenig er da verdienen würde.

**Kartoffelpuffer statt
Currywurst: Max und
Charlotte Konnopke,
1950er Jahre.**

Während der Armeezeit hatte er seine Freude am Kochen entdeckt und sattelte nun um ins Hotel- und Gaststättenwesen. Durch die Empfehlung einer einflussreichen Freundin sah es bald nach einer exklusiven Karriere aus: Er bekam eine Stelle als Kellner im Grand Hotel in der Friedrichstraße – dem heutigen Westin; erstes Haus am Platz und nur für Gäste aus dem Westen. Gepflegte Atmosphäre, kunstvolles Servieren, Diskretion: Das lag ihm. Aus dem Traum vom Oberkellner wurde aber nichts, weil der Vater 1990 schwer erkrankte und sich die Mutter mit der alleinigen Weiterführung des Betriebs unter jetzt marktwirtschaftlichen Bedingungen überfordert sah. Vom Nachrichtentechniker über einen First-Class-Kellner zum Wurstverkäufer. 1990 war nicht absehbar, dass Konnopke's sich auf die vordersten Plätze der weltweit bekannten Berliner Currywurstbuden vorarbeiten würde. 1990 war nur zu befürchten, dass die traditionsreiche Bude nicht mehr lange durchhalten würde. Stän-

Mario Ziervogel bei der Feier zum Gastro Award.

dig kamen neue Interessenten und wollte den Imbiss kaufen oder wenigstens Teilhaber werden. Aber Durchhalten – bei Engpässen sogar mit dem Verkauf von Kartoffelpuffern oder Eis – und alles selber machen war die Unternehmensphilosophie von Anfang an. Der fühlt sich Mario bis heute verbunden. Noch zu DDR-Zeiten hat er den Slogan „Tradition mit Geschmack" geprägt, der seither an der Bude steht und sich für ihn längst mit dem Inhalt gefüllt hat, hinter dem er mit seiner ganzen Person steht. Auch das Logo, ein Koch mit der Wurst auf einem Teller vor sich, hat Mario schon zu DDR-Zeiten zusammen mit einem Grafiker entwickelt. Das sprichwörtliche Glück sorgte dafür, dass sich seine Wege mit denen von Viola kreuzten, die als Fachverkäuferin für Fleisch- und Wurstwaren beste Voraussetzungen mitbrachte, nicht nur Ehefrau, sondern auch sachkundige und bei den Kunden beliebte Angestellte von Konnopke's zu werden. Die Nachfolge in der dritten Generation war also gesichert. Sie könnte es auch in der vierten werden, denn Tochter Lisa hat das Zeug zur Chefin und zur Entertainerin. Zu ihren Steckenpferden gehört es, Witze zu erfinden. Jedenfalls behauptet die Siebenjährige

Viola und Mario Zier-
vogel mit Currywurst,
ungeschnitten.

das mit einem bemerkenswerten Selbstbewusstsein. Probe: „Eine Katze und eine Maus kommen in den Bäckerladen. Fragt der Bäcker die Maus: ‚Na, Maus, was möchtest du denn haben?' ‚Ich möchte ein großes Stück Torte.' ‚Und du?', fragt der Bäcker die Katze. ‚Für mich nur einen Klecks Sahne auf die Maus.'" Wenn alle anderen Umstände auch noch mitspielen, wird es Konnopke's noch lange geben.

Von einer Zukunft als Wurstverkäufer und Imbissbudenbesitzer war Lutz Stenschke nicht an der Wiege gesungen worden. Er hatte ein Faible für schöne und große Autos und absolvierte eine Ausbildung zum Kaufmann in der Automobilbranche. Schon während der Schulzeit aber war sein Blick immer an dem Mercedes 230 hängen geblieben, der dem Besitzer der kleinen Currywurstbude in Tegel schon Anfang der sechziger Jahre gehörte. Oft genug ist er da gewesen, denn er liebte dessen Currywurst, und das Auto hatte es ihm auch angetan. Weil dessen stolzer Besitzer ihm verriet, dass er eine Wurstbude aufmachen müsse, wenn er viel Geld verdienen und sich auch so ein Auto leisten wolle, ist Lutz Stenschke diesem Rat gefolgt und war bald Inhaber sogar mehrerer Currywurstbuden. Die vom Mehringdamm 36 hat er per Annonce in der Zeitung gefunden, und bis auf diese hat er alle anderen dann wieder verkauft. Von seinem Konkurrenten, der vor ihm und bis ins Jahr 2000 mit seiner Currywurstbude direkt nebenan am U-Bahneingang stand, hat er nach und nach die Kunden weggelockt. Zunächst einmal damit, dass er die Currywürste nicht mehr nur kochte, sondern auch anfing, sie zu braten. Wer danach noch zur Konkurrenz ging, tat das wegen der Pommes, die es bei Curry 36 nicht gab. Als Stenschke dann auch die anbot, ging der Nachbar im Preis runter. Das aber kam für Lutz Stenschke nicht infrage. Eine gute Wurst hat ihren Preis, das weiß jeder, der selbst kocht – so seine Devise. Der Nachbar gab dann auf; dabei spielte aber auch sein Alter eine Rolle: Er wollte sich nicht mehr auf den Euro einlassen, er hatte auch so ausgesorgt. Heute steht an gleicher Stelle ein Gemüsedöner; man kennt einander und hilft sich auch mal gegenseitig aus, etwa wenn die Pappen gerade knapp sind.

Denny, Kreuzberger bis ins Innerste, kennt Curry 36 seit frühester Kindheit, weil sein Vater schon beim Wurstmaxen Stammgast war. Später lag der Imbiss direkt auf seinem Weg zur Arbeit, weil er in der Kneipe seines Bruders gleich daneben, nach einer abgebrochenen Lehre als Betonfacharbeiter, gejobbt hat. In der Kneipe wurde er von einem Mitarbeiter des Landessozialgerichts entdeckt, der ihn dort anheuerte und ihm sogar seine Unterstützung in Sachen Weiterbildung und Verbeamtung zusicherte. Denny hat's nicht lange dort ausgehalten. Der Umgang mit Akten war ihm nichts. 1989 kriegte er mit, dass es bei Vera und Lutz Stenschke plötzlich ein Personalproblem gab, denn eine Mitarbeiterin hatte Knall auf Fall gekündigt, um eine eigene Bude aufzumachen. Auf seine Frage, ob sie's nicht auch mal mit 'nem Kerl versuchen wollten, antwortete Lutz Stenschke: „Quatsch nich lange. Morgen früh um achte biste da." Und Denny ist immer noch da, weil er sich hier ganz in seinem

**Denny bei Curry 36,
nachts, um 1995.**

Element fühlt. Zehn Jahre später begann auch seine Mutter, sich in der Bude nützlich zu machen, indem sie die Suppen kochte, die seither auf der Speisetafel stehen und heute von Vera Stenschke und ihrer Schwester Peggy zubereitet werden. Uschi Pletzer zeigte aber auch bald ein gutes Händchen beim Verkauf der Würste. Bis 2007 blieb sie der Bude erhalten, dann ging sie in Rente. Außer Denny ist nur Peggy mit dem Chef per Du. Sie ist auch diejenige, in deren Verantwortung Vera und Lutz Stenschke ihr Geschäft voller Vertrauen legen, wenn sie nicht in Berlin sind. Günter, der Bruder von Peggy und Vera, schmeißt seit Jahren die Nachtschicht; ihm zur Seite unter anderen Tine, die schon im Alter von sechs Jahren, als es noch den Wurstwagen im Hausflur gab, in jeder freien Minute daneben stand. Sie gab nicht eher Ruhe, bis Vera Stenschke ihr kleine Hilfsdienste übertrug, etwa Ketchup heranzuholen. Ein Leben ohne Curry 36 bei Nacht kann Tine sich beim besten Willen nicht vorstellen.

Nachfolgesorgen haben die Stenschkes auch nicht. Sie sind jung genug, um den Laden noch auf lange Sicht selbst zu führen. Tochter Steffi hat keine Ambitionen in dieser Sache; sie studiert Veterinärmedizin. Vielleicht will ja Schwiegersohn Mirko eines Tages die Nachfolge antreten; das Zeug dazu hätte er, glaubt Lutz Stenschke. Wenn nicht, dann kann man auch getrost auf ein Enkelkind warten. Auf die Unsummen, die man ihm schon für den Laden geboten hat, kann er locker verzichten.

Eigentlich sollte es nur etwas für den Übergang sein, als Elke Celik sich 1992 bei Krasselt's in Steglitz vorstellte. Seit fast einem Jahr war sie arbeitslos, weil ihr Betrieb in Ludwigsfelde die Wende nicht überlebt hat. Die aus Halberstadt stammende Feinmechanikerin konnte ein Leben ohne Arbeit schlecht verkraften. In Ludwigsfelde, in einem Großbetrieb mit über zehntausend Mitarbeitern, hatte sie zwanzig Jahre lang ein Sekretariat geleitet. Sie hatte sogar zwei Jobs, denn mittwochs, freitags und samstags half sie ab sieben Uhr abends in einer Nachtbar aus: Sie machte den Einlass und stand dann als Bardame hinter der Theke. Ihre Tochter erzog sie beizeiten zur Selbstständigkeit. Elke versuchte alles Mögliche, um eine neue Arbeit zu finden, aber nirgends fühlte sie sich wohl. Bei Krasselt's dann stimmte eigentlich alles, nur fiel ihr die Arbeit am Anfang so schwer, dass sie manchmal heulend den Kopf aufs Lenkrad sinken ließ, ehe sie mitten in der Nacht nach Hause fuhr. Nur noch Stress, kein Privatleben mehr. Im Kopf hat sich alles nur noch gedreht; das war sie nicht gewohnt. Inzwischen ist sie, die alle Elli nennen, längst ein Profi. Gabriele Schmidt wurde sozusagen per Telefon eingestellt. Sie hatte schon den halben Zuschlag als Harald Köhring nur ihren Dialekt hörte: Sachsen-Anhalt, woher er selbst stammt. Gabi ist von Beruf Gärtnerin und suchte etwas in dieser Richtung als sie im August 1995 von Zeitz nach Berlin kam, um mit der Liebe, die sich wie eine fürs Leben anfühlte, zusammen zu sein. Auch ihr Betrieb zu Hause, eine Geflügelzuchtfabrik, hatte über Nacht die Tore geschlossen, nur wenige Tage nach der Wende. Gabi hat sich dann selbstständig gemacht und auf Wochenmärkten Körbe, Fleisch, Wurst und Fisch verkauft. Den Stand dafür hat sie

Krasselt's Imbiss:
Elke Celik, 2010.

mit eigenen Händen auf- und wieder abgebaut. Sie konnte zupacken, das war Harald Köhring sofort klar. Diese beiden Damen aus dem Osten kamen ihm sehr recht. Allerdings dauerte es eine Zeit, bis die Chemie zwischen ihnen stimmte. Elke war die Strenge, die Harald Köhring an den Tag legte, von ihren früheren Chefs nicht gewohnt. Von denen war sie für gute Arbeit gelobt worden. Die haben ihr auch mal den Arm auf die Schulter gelegt und gefragt, ob alles in Ordnung sei, wenn es mal nicht danach aussah. Bei Krasselt's kam sie sich anfangs vor wie eine Maschine, die im Zeittakt funktionieren musste. Dass sie ihre Kunden duzte, um an der Arbeit Freude zu finden, alles ein bisschen zu lockern, passte Harald Köhring anfangs überhaupt nicht. Nie, niemals hat er sich mit Kunden oder Mitarbeitern geduzt. Dass Gabi einen ebenso unkomplizierten Umgang mit Kunden pflegte, und die dies außerdem so wollten, störte ihn. Und dann kam Gabi am ersten Tag auch noch mit diesen Jesuslatschen zur Arbeit, die im Osten Kult waren wie die Jeans. Einfach, bequem und praktisch. Sie dachte, sie hört nicht richtig, als der Chef sie anfuhr: „Mit diesen Schuhen will ich Sie hier nie wieder sehen!" Als sie dann in einer ihrer ersten Schichten auch noch von einem unfreundlichen Gast belehrt wurde, dass hier der Kunde König sei, rutschte ihr zum Glück grad noch so raus: „Na dann benehmen Sie sich bitte auch wie ein König!"

Elke und Gabi haben mehr als zehn Jahre zusammen in einer Schicht gearbeitet und sind von Anfang an bestens miteinander zurechtgekommen. Daran, dass in ihrer neue Arbeitswelt ein anders Verhältnis zwischen Chef und Mitarbeitern herrscht, als sie es aus Zeitz und Ludwigsfelde kannten, konnten sie sich umso besser gewöhnen, als sie bald merkten, dass Harald Köhring sie schätzt, auch wenn er sie bis heute nicht duzt. Aus Jux nennt Gabi Harald Köhring schon mal „Chefchen", und er sagt dann so was wie „raus, Schmidten". Die Kunden quittieren den neuen lockeren Stil, den sie ins Budenleben einführten, mit Dankbarkeit: Trinkgelder, bis das Sparschwein quiekt, und dann und wann eine Flasche Sekt. Harald Köhring weiß, was er an den beiden hat. Sie sind diejenigen, auf deren Schultern er seinen Laden gern ruhen sieht, auf die er sich ohne Sorge verlässt. Für Elke und Gabi bedeutet das allerdings, dass sie nicht mehr zur gleichen Zeit in der Bude stehen – an Elkes Seite arbeitet jetzt meistens Gabis Tochter Adreana Hofmann. Harald Köhring legt Wert darauf, dass die eine in der Frühschicht, die andere in der Spätschicht fürs gute Geschäft sorgen. Deshalb haben beide ihm auch lange Zeit zugesetzt, ein Sonderangebot zu machen, um Kunden anzulocken, die sich in den letzten Jahren rar gemacht haben. Das liegt nicht etwa an einer Konkurrenz, denn die gibt es am Steglitzer Damm nicht. Seit aber die ‚Geiz-ist-geil'-Losung den Leuten die Taschen zugenäht hat, macht sich das im Lebensmittelhandel eben am stärksten bemerkbar, denn Deutschland ist das Land, in dem am wenigsten Geld fürs Essen ausgegeben wird. Gabi und Elke drängten den Chef, an zwei oder drei Tagen zwei Würste zum Preis von einer verkaufen zu lassen. Der aber sträubte sich, anderthalb Jahre lang. Er sei doch kein Billiganbieter! Schließlich willigte er doch ein. Seither gibt es jeden Tag ab 22.00 Uhr das Angebot für „Nacht-

Bier's Kudamm 195:
Petra, 2010.

schwärmer". Davon profitiert nun aber leider nur die Spätschicht, indem deren Arbeitszeit wegen Andrangs wie im Flug vergeht.

Wenn man den Schwaben nachsagt, sie sähen ihre Erfüllung im „schaffe, schaffe, Häusle baue", dann ist Roland Dietl wohl aus der Art geschlagen. Klaus-Peter Bier hatte, wie Roland amüsiert zugibt, früher ganz schön ein Auge auf ihn zu halten, weil er gern mal einen über den Durst trank und dann keine rechte Lust hatte, sich an die Pfanne zu stellen. Ziemlich oft habe er ihn morgens aus dem Bett holen müssen. Einmal aber, da sollte er die Spätschicht übernehmen, hat er sich zwischen Schrankwand und Fenstervorhang versteckt, als er das Klingeln an der Tür hörte. Tochter Petra, damals keine fünf Jahre alt, öffnete und ließ den Chef bereitwillig ins Wohnzimmer treten. „Na, wo ist denn der Papa?" „Papa steckt, Papa steckt", hat sie gerufen, Klaus-Peter Bier bei der Hand genommen und ihn direkt zum Versteck geführt. Diese Geschichte belustigt inzwischen alle, die bei Bier's Kudamm 195 arbeiten, und sie kennen auch die kleine Verräterin. Denn seit achtzehn Jahren arbeitet Petra mit im Team. Schon als Kind hat sie nach der Schule und in den Ferien am Kudamm 185 ein bisschen gejobbt und war happy, wenn Klaus-Peter Bier ihr fünf Mark dafür gab. In ihm sieht sie ohnehin schon immer so eine Art zweiten Vater. Für Petra war's gar keine Frage, dass sie nach ihrem Schulabschluss dort arbeiten wollte, unterbrochen nur von der Geburt ihrer zwei Kinder. Den Aufstieg zur Verkäuferin allerdings hatte sie sich ein bisschen anders vorgestellt. Eines Tages hat es geheißen: „Komm, du wolltest doch schon immer so gern mal verkaufen. Jetzt kannst du zeigen, was in dir steckt." Sie kam aus der Küche und sah sich einer Gruppe von etwa zwanzig Sinti und Roma gegenüber. Die leben im Rheinland und kommen seit Jahren, wenn sie in Berlin was zu erledigen und zu feiern haben, nach Abschluss ihrer Geschäfte zu Bier's Kudamm 195. Alle redeten durcheinander und bestellten zur gleichen Zeit und machten einfach ihren Job, dessen Kern darin besteht, die

Leute zu verwirren. Petra aber hatte nicht mal Übung im Schneiden der Wurst, geschweige denn im Ruhe bewahren vor einer illustren Gesellschaft wie dieser. Wie sie es geschafft hat, ist ihr bis heute ein Rätsel. Aber sie hat es geschafft und ihre Feuertaufe als Verkäuferin mit Bravour bestanden. Weil sie sich tagsüber um ihre zwei schulpflichtigen Kinder kümmert, arbeitet sie nur in der Nachtschicht. Meist am Kudamm 195, aber auch in den anderen beiden Filialen. Irgendwie kriegt sie das hin, ihren Schlaf stundenweise über den Tag zu verteilen, damit sie dann von acht Uhr abends bis morgens um fünf, freitags und samstags bis sechs Uhr, fünfmal die Woche hinterm Tresen stehen kann, froh über jede Gelegenheit, flotte Sprüche vom Stapel zu lassen. Wenn sie nicht so gut mit allen zurechtkäme und die Chemie zwischen allen anderen nicht auch stimmte, würde sie das nicht durchstehen, sagt sie. Für sie ist das hier eine einzige große Familie. Katrin Bier, Klaus-Peter Biers Frau, war bis vor einigen Jahren ihre Kollegin; deren zwei Schwestern, Kerstin und Beatrix, gehören auch zum Team, arbeiten aber meistens in der Filiale an der Friedrichstraße. Für Petra ist entscheidend, dass man bei Bier's Probleme, wenn es welche gibt, immer gleich bespricht, ehe sich was anstaut. Auch dass beide Chefs immer ein offenes Ohr haben und sachlich bleiben, selbst wenn sich mal ein Kunde bei ihnen beschwert. Sie hat noch keinen von beiden rumbrüllen hören. Wenn Roland rumfrotzelt und zum Seniorchef sagt: „Wir sind mehr als zehn Leute, wir brauchen einen Betriebsrat", dann entgegnet der im selben Ton: „Der Betriebsrat bin ich, Gregor ist die Gewerkschaft." Das Du untereinander gehört hier zum guten Ton.

Eine Imbissbude ist kein Großraumbüro, wo jeder sein eigenes Reich hat und notfalls die anderen eine zeitlang mürrisch ignorieren kann, ohne dass die Arbeit gleich darunter leidet. Wenn auf sechs bis dreißig Quadratmetern Imbissbude jedoch einer schlechte Laune hat, weswegen auch immer, dann geht der Frust mit der Wurst auf die Pappe und direkt in den Kunden rein. Also muss die Chemie stimmen. Wie es aussieht, gibt's auch hier viele Wege, die nach Rom führen.

Zwischen After Work und Nachtleben

Ein lauer Frühsommerabend. Die Gäste von Bier's Kudamm 195 haben die Barhocker aus dem Gastraum nach draußen geholt und an die Stehtische gerückt. Eilig haben es nur die, die erst jetzt aus ihren Büros in der Umgebung kommen und auf dem Weg nach Hause oder zu einer Verabredung noch schnell eine Currywurst essen wollen. Die setzen sich gar nicht erst hin. Ein ständig wechselndes Bild. Eben waren es noch so an die fünfundzwanzig Leute, plötzlich sind es nur noch drei. Ein dauerndes, aber eher schlenderndes, Kommen und Gehen. Das Ende der Frühschicht naht; Ralf und Gabi haben gleich Feierabend.

Eben nähert sich eine Gruppe, sechs Männer und drei Frauen. Sie scheinen über etwas Wichtiges zu diskutieren. „Woll'n mal sehen, ob diesmal nicht doch der Kudamm gewinnt", ruft eine der Frauen den anderen zu. Vier stellen sich an, die anderen schieben Tische und Hocker zusammen. Wie sich herausstellt, sind Uwe B., Wolfgang B., Doris H., Reinhard L., Wolfgang M., Uwe R., Edelgard W., Rainer und Kerstin W. seit vielen Jahren Kollegen, die mittags meist zusammen in der Kantine sitzen. Vor Jahren kam dabei das Gespräch auf die berühmte Berliner Currywurst, und sofort

war eine Diskussion im Gang, welche denn die beste sei. Selbstredend gab es dazu sehr verschiedene Ansichten. Wozu aber lange
streiten, wenn man doch testen kann, welche Bude den Zuschlag
verdient? Es war Mitte der neunziger Jahre, als die Kollegen sich zu
einem Currywurst-Testessen nach Feierabend verabredeten. Reinhard L. sammelte Vorschläge und setzte fünf Buden auf die Test-
Liste. Gewinner war die Currywurstbude an der Marklstraße/Ecke
Schloßstraße in Steglitz. Sieger nach Punkten. Die Frage, ob deren
Currywurst tatsächlich die beste Berlins sei, blieb aber trotzdem
strittig, und deshalb wurde die Sache wiederholt. Anfangs noch in
großen Abständen wurden die Intervalle dann kürzer. Reinhard L.
stellt seither immer nach Abstimmung die Favoriten zusammen
und Wolfgang B. legt minutiös die Fahrtrouten mit den öffentlichen
Verkehrsmitteln fest; man will ja auch ein Bier zur Wurst trinken
und anschließend im Mommsen-Eck den späten Abend beschließen.
Heute haben sie sich zum inzwischen fünften Mal getroffen und sind
übereingekommen, dass man noch in diesem Jahr zum sechsten

Bier's Kudamm 195, abends.

Mal auf Tour gehen werde. Bier's Kudamm 195 ist seit dem dritten
Testessen das Ende jeder Tour und soll es auch weiterhin bleiben.
Man will ja schließlich nicht irgendwo aufhören und sich womöglich
den Spaß verderben.

Wolfgang B., Reinhard L., Rainer W. und Uwe R. bringen
die Bestellungen heran. Uwe R. scheint ein bisschen verstimmt. Er
sieht seinen Favoriten – er ist hier Stammkunde – in Gefahr, denn
Wolfgang B. ist verärgert. Er fühlt sich von Gabi unfreundlich behandelt. Weil er ihr nicht gleich gesagt hat, dass seine Wurst auf der
Gesamtrechnung verbucht werden muss, hat sie die Bedienung
einfach abgebrochen. Ralf hat übernommen, aber er hat eine unpas-
sende Bemerkung über Reinhard L.s Nase gemacht. Da hilft es
wenig, dass Uwe R., der sonst direkt vom Büro aus herkommt und
in Anzug und Krawatte anders erscheint, sofort von Gabi erkannt
wurde. Flugs hatte sie sich auf dem Absatz rumgedreht und ihm
freudig sein Lieblingsbier aus dem Kühlschrank geholt. Seit im letzten Jahr der Sieg mit nur einem Punkt Abstand zu Bier's Kudamm
195 an Curry 36 gegangen ist, pflegt die Gruppe mit Lust ihren
kleinen hauseigenen Currywurststreit.

Unfreundlich zu sein gehe aber gar nicht, darüber ist man
sich einig. Auch nicht, wenn die drei hinterm Tresen so kurz vorm
Feierabend sind und fast zehn Stunden Schicht hinter sich haben.
Zum Vergleich kommt die Rede auf Curry 36. Dort hat die Tour kurz
vor sechs begonnen, und trotz großem Gedränge vor den drei Fenstern war das Team entspannt und freundlich. Oh, scheint Uwe R. zu
fürchten, das wird seinen Kudamm Punkte kosten! An der Wurst
und den Pommes hat aber niemand was auszusetzen. Im Gegenteil.
Auch die Brötchen sind warm und knusprig, weil sie in den Fugen
zwischen den heißen Pfannen auf Kundschaft gewartet haben.

Im Mommsen-Eck kommt es dann zur Auswertung. Jeder
hat einen Zettel mit den Namen der Buden vor sich, die heute dran

waren. Mehr oder weniger großzügig sieht man darüber hinweg, dass eigentlich nur Currywurst im Darm zum Test anstand. Die zwei „Weicheier", die auf darmlose Currywürste eingeschworen sind, müssen sich nur die Frage gefallen lassen, wozu sie eigentlich ihre Zähne haben. Die Kriterien nach denen ein bis fünf Punkte zu vergeben sind, lauten wie immer: „Farbe, Furnier, Aussehen", „sensorische Prüfung, Geruch", „Geschmack der Wurst mit Pelle", „Geschmäckle der Soße", „Lage der Bude, Lärm, Zugluft, Enge, Sauberkeit" und „Preis im Verhältnis zum Ganzen". Bewertet wird nach dem Schulnotensystem: Eins ist die beste Note. Im Rennen sind neben Curry 36 und Bier's Kudamm 195 dieses Mal Maximilian am Tempelhofer Hafen, die Bratpfanne in Steglitz und der Wurstmaxe im Grunewald. Der Tag war heiß, und nach Maximilian und der Bratpfanne hatten die Tester keine Lust auf ein weiteres Risiko. Selten war man bisher so sehr einer Meinung: Das Fett bei Maximilian hat schlecht gerochen, die Wurst entsprechend geschmeckt, nämlich überhaupt nicht, und dass eine der Verkäuferinnen während der Arbeit geraucht hat, hat selbst die Raucher in der Gruppe geekelt. Enttäuscht waren die meisten vom Ketchup an der Bratpfanne: viel zu sauer. Die Wurst, na ja, so lala. Um keine weiteren Experimente zu wagen und lieber die Mägen wieder zu versöhnen, gingen sie nicht mehr über den Wurstmaxen, sondern begaben sich direkt zum Ziel: zum Kudamm. Das Ergebnis: 0 Punkte umständehalber für den Wurstmaxen, 258 Punkte für Maximilian, 199 für die Bratpfanne. Reinhard L. wartet, bis die Spannung knistert und verkündet dann, dass der Sieger dieses Mal eindeutig feststeht: Curry 36 liegt mit 66 Punkten klar vor Bier's Kudamm 195 mit 98 Punkten. Dieser Abstand überrascht nun aber doch alle. Dann stellt sich heraus, dass die vermisste Freundlichkeit zu Buche geschlagen hat, denn wenn es nur um die Wurst gegangen wäre, wäre das Ergebnis so knapp ausgefallen wie im letzten Jahr. Beim nächsten Test soll deshalb das Kriterium „Freundlichkeit und Service" mit aufgenommen werden.

Konnopke's wird aber auch dann nicht unter den Favoriten sein, und das nicht nur, weil es dort nur die darmlose Currywurst gibt. Einer aus der Gruppe meint es wohl ganz ernst mit der Weigerung, im Osten essen zu gehen. Für die anderen ist das ein ‚running gag'.

Am Kudamm 195 hat sich die Szene unterdessen sichtbar zum Behaglichen hin verändert. Erst jetzt, da es dunkler geworden ist, fällt auf, dass die Lampe überm Stammtisch rot leuchtet und das Personal schwarz-rot gekleidet ist. In diesem Licht kann der Imbiss sein Ambiente nun so richtig entfalten. Die Schultheiss-Werbung in roter Leuchtschrift sieht man bei Tag nicht so gut, und das über dem Eingang leuchtende Schild „open 11–5" erkennt man auch erst jetzt ganz deutlich. Überhaupt mutet der Imbiss jetzt eher wie eine Bar nach amerikanischem Vorbild an; der Apostroph in Bier's wirkt nicht mehr wie ein falsch gebildeter Genitiv, sondern wie der Punkt auf dem i. Links auf dem Tresen prunkt ein üppiger bunter Blumenstrauß. Hinterm Tresen sorgen jetzt Petra, Anna und Eddi fürs Wohl ihrer Gäste. Im Moment gibt es nicht so viel zu tun. Deshalb schneidet Eddi, der sonst für den Abwasch und die Ordnung an

**Bier's Kudamm 195:
Anna mit Gast.**

den Tischen zuständig ist, auf Vorrat Fleisch und Zwiebeln für die Spieße. Anna und Petra bewachen die Pommes und kontrollieren die Temperaturen der Pfannen, die jetzt nur zur Hälfte gefüllt sind. Um diese Zeit ist ungewiss, mit welchem Zulauf von Kunden zu rechnen ist. Mal kommen gegen zehn ganze Scharen, etwa wenn eine Vorstellung in der Schaubühne zu Ende ist. Mal strömen sie erst mitten in der Nacht heran. Mal sind sie dann gleich wieder verschwunden, mal stehen sie noch lange, bis vorn an den Rand der Fahrbahn und trinken so ausgelassen Champagner, wie es in den Reiseführern über Bier's Kudamm 195 immer heißt. Klar, dass Gregor Bier sie liebevoll „Schwärmer" nennt. Der Dom Perignon für 189 Euro wird aber selten gekauft, noch seltener der Dom Perignon rosé für stolze 480 Euro. Nicht so selten, eigentlich sogar recht oft, gehen der Moët & Chandon und „die Witwe", wie Anna den Veuve Cliquot nennt, über den Tresen. Kosten ja auch nur 61 Euro. Gestern hat ein Stammkunde je einen Piccolo für Petra und Anna spendiert.

   Blick nach rechts: Da haben sich fünf junge Leute um zwei Tische versammelt, eine Lage weißes Papier aus der Küchenrolle

Boulevardlaterne bei Bier's Kudamm 195.

darüber gelegt und mit Curry, Pommes und Moët & Chandon eine kleine Tafel eingedeckt. Eigentlich fehlt nur eine Kerze. Auch diejenigen, die an anderen Tischen stehen oder sitzen, scheinen länger verweilen zu wollen, obwohl sie mit essen schon fertig sind. Sie trinken Bier, rauchen, plaudern; hin und wieder fliegt ein Spruch rüber zu Anna und Petra. Annas Lachen perlt durch die Nacht. Die blond gelockte Polin scheint gar nicht zu wissen, wie man ein miesepetriges Gesicht zieht. Seit achtzehn Jahren lebt sie in Berlin, seit zehn Jahren arbeitet sie bei Bier's Kudamm 195. Ihr achtzehnjähriger Sohn hat auch schon hier gejobbt. Ambitionen in diese Richtung hat er aber nicht. Er macht Abitur, sagt Anna, nicht ohne Stolz.

„Timo! Endlich! Hast du meine Schuhe mitgebracht?" Petra wirbelt hinterm Tresen vor und Timo direkt um den Hals. Der lässt seine Freunde für kurze Zeit aus den Augen und verteilt Küsschen rechts, Küsschen links, auch für Anna. Eddi, der gerade zwischen

Spuren bei Bier's Kudamm 195.

den Tischen herumwuselt und abräumt, wird mit einem freundlichen Schlag auf die Schulter bedacht. Nein, Timo hat die Schuhe leider nicht mitgebracht, ist aber trotzdem gern gesehen. Seit fünf Jahren kommt der Einkäufer fürs bessere Schuhwerk hierher, obwohl er nicht für den Kudamm einkauft, sondern für teure Geschäfte in Mitte. Aber er wohnt in der Nähe. Zur Feier des Tages bringt Eddi ein paar Gläser und eine Flasche Jägermeister an den Tisch. Eigentlich könnte das die ganze Nacht so gehen. Aber da kommen ein paar Kunden des Wegs. Flink wie die Wiesel huschen Anna und Petra an ihre Plätze und strahlen die neuen Gäste an.

Glamour mit Currywurst

Es gab Zeiten, in denen war am Kurfürstendamm nachts noch mehr los als am Tag. Ein Kino neben dem anderen: Marmorhaus, Cinema Paris, Filmbühne Wien – Ende der siebziger Jahre befanden sich mehr als die Hälfte der Westberliner Kinos in Charlottenburg, siebzehn davon allein am Kurfürstendamm. Kaum eins von ihnen ist noch übrig. Und dann die Theater und die Discotheken, die Bars und Restaurants – zu Tausenden flanierte das Publikum durch die Nacht. Aus diesen legendären Zeiten, die seit der Maueröffnung Geschichte sind, stammt der Ruf von Bier's Kudamm 195, der Currywurst-Imbiss mit dem höchsten Promi-Faktor zu sein. Die Namen derer, die sich auf dem Spiegel neben dem Tresen verewigt haben, sind kaum zu entziffern, so dicht gedrängt und quer übereinander geschrieben stehen die Autogramme.

Vorm Kudamm 185 trafen sich auch die Größen der Unterwelt, die auf jedem Boulevard der Welt zu Hause sind und dort für diese spezielle Mischung aus Prachtstraße und lasterhaftem Pflaster sorgen. Selbst Gregor Bier, der damals vermutlich noch gar nicht geboren war, kennt die Story vom Currywurstverkäufer Blacky und seiner Freundin Püppi. Blacky, einer der fleißigsten Verkäufer bei Kudamm 185 und bestens vertraut mit dem Nachtleben vor der Bude, wollte plötzlich ganz groß rauskommen und drängte seine Püppi auf den Strich. Bei den Vitrinen neben der Bude sollte sie stehen, mitten im Rotlichtmilieu und immer im Blickfeld von Blacky, damit der kontrollieren konnte, ob sie auch fleißig Freier anlockte. Nach dieser Art von Karriere stand ihr jedoch so gar nicht der Sinn. Wenn Blacky alle Hände voll zu tun hatte, und das hatte er fast immer, dann stellte sie sich einfach in den Hausflur, wo niemand sie sah und ansprechen konnte. Es hat nichts genutzt, dass Blacky ausrastete, wenn er das mitkriegte. Aus Püppi wurde keine Prostituierte; für diesen Beruf war sie vollkommen ungeeignet. Das hat aber weder dem Gewerbe noch dem Geschäft von Klaus-Peter Bier geschadet. Wenn Taxifahrer und Prostituierte vor der Bude standen, um sich beim Sprücheklopfen gegenseitig zu überbieten, bleiben auch andere stehen, um einen besonderen Spaß an ihrer Currywurst zu haben. Noch bis weit in die 1990er Jahre war der Kudamm des Nachts ein Zentrum des Rotlichtmilieus und trotzte dem Urteil des Bundesverwaltungsgerichts von 1983, mit dem gegen „milieubedingte Begleiterscheinungen" vorgegangen wurde. Auf dieses Urteil stützt sich neuerdings der Baustadtrat von Charlottenburg, um zu begründen, warum viele der Etagenpensionen rund um den Kudamm seit 2006 schließen mussten. Die seien unpassend für den noblen Bezirk. Playboy Rolf Eden verkaufte seine letzte Disco im Bezirk vor fünf Jahren, weil in Charlottenburg nichts mehr los war. Fünfunddreißig Jahre lang hatte der Laden gebrummt; seine neuen Eigentümer jedoch gingen damit Pleite.

Heute kommen Discotänzer vom Q-Dorf in der Joachimstaler Straße, die sich eines regen Zulaufs erfreut. Freitags und samstags, wenn bis sechs Uhr geöffnet ist, können Petra, Anna und Eddi kurz vor Ladenschluss damit rechnen, dass Jugendliche mit kräftigem Hunger vom Tanzen und Trinken anrücken und Berge von Currywürsten mit Pommes bestellen. Petra sind die meisten von ihnen jedoch lieber als so manche Promis, von denen einige ganz schön von oben herab daherkommen.

Aber es tut sich was mit der Kultur in der City West. Immerhin gibt es Widerstand gegen die bevorstehende Schließung zweier Theater. Schon 2008 rief Otfried Laur den Verein „Rettet die Kudamm-Bühnen" ins Leben. Er hat sein Leben seit frühster Jugend dem Theater verschrieben. Vor mehr als vierzig Jahren gründete er den heute 34.000 Mitglieder zählenden Berliner Theaterclub, den er bis heute zusammen mit seiner Frau Reni leitet. Einen wie ihn konnte es nicht nur zum Verzweifeln bringen, dass der Kurfürstendamm seine besten Zeiten hinter sich zu haben drohte. Einer wie er musste etwas dagegen tun, dass 240 Millionen Euro in die Staatsoper gepumpt wurden, die Deutsche Oper dagegen vor sich hin wurstelt, dass die Theater im Osten Berlins großzügig subventioniert wurden, für Martin Woelffers Theater und Komödie am Kurfürstendamm, beide Mieter im Kudamm-Karree, aber kein Cent bereit liegt. Erst wurden die Kinos geschlossen, dann Cafés, jetzt sollte es also an die Theater gehen. Zusammen mit Franziska Eichstädt-Bohling von den Grünen organisierte er ein Bürgerbegehren für den Erhalt der beiden Theater. Im April 2010 gab es nun endlich einen ersten Erfolg für ihn und Martin Woelffer: Beide Theater bleiben bis auf weiteres in Betrieb. Der irische Investor Ballymore, in dessen Auftrag David Chipperfield ein neues Modell vom Kudamm-Karree – ohne die beiden Theater – entworfen hatte, arbeitet jetzt an neuen Plänen. Eins der beiden wird, so scheint es derzeit, überleben.

Von Panik kann am Kudamm 195 aber nicht die Rede sein; die Zeichen eines neuen Aufbruchs für den Boulevard bestärken die Biers in der Hoffnung, dass bessere Zeiten dicht vor der Tür stehen.

Und außerdem: Wenn die Bühne mal nicht zur Currywurst kommt, geht es auch andersrum. Die Currywurst kommt auf die Bühne. Roland hat es erst für einen vorgezogenen Aprilscherz gehalten, als Gregor Bier ihn Ende März 2004 plötzlich fragte, ob er für Kudamm 195 nicht auch mal schauspielern würde. Und er meinte das – zu Rolands größtem Staunen – wirklich ernst. Beide Biers sind nämlich mit dem Bühnen- und Kostümbildner Karl Kneidl befreundet, der auch Roland von seinen Besuchen am Imbiss her kannte. Kneidl arbeitete gerade wieder für Peter Zadek, und Klaus-Peter Bier war Sponsor für dessen neue Inszenierung von Henrik Ibsens „Peer Gynt" am Berliner Ensemble. Die Proben waren schon so gut wie abgeschlossen, da kam Kneidl auf die Idee, im von Botho Strauß neu gefassten fünften Akt eine Currywurstbude auf die Bühne zu stellen. Unbedingt mit Roland als Verkäufer drin, mit diesem Original; der und kein anderer. Am nächsten Tag ging's auf zum Berliner Ensemble. Bei den letzten Proben war Roland dabei. Die Premiere fiel auf den 9. April 2004, Gründonnerstag. Knapp fünfzehn Minuten dauerte die Szene, in der Roland auf der Bühne Currywürste briet und verkaufte, ehe er sie für Peer Gynt und den Knopfgießer (gespielt von Uwe Bohm und Gerd David) frei machte. Sein Text war dem richtigen Leben entlehnt: Zu sagen hatte er den Preis für die Wurst und Bitte und Danke. An der Bühnen-Bude sollte eigentlich – auch wie im richtigen Leben – Bier's Kudamm 195 dran stehen, aber diese Idee wurde wieder verworfen. Weil das Stück in Norwegen spielte, hätte die Adresse Kudamm 195 nicht gepasst. Also blieb es bei Bier's.

Bier's auf der Bühne mit Uwe Bohm, 2004.

Die Theaterkritik in der Presse indes mäkelte an Zadeks Idee mit der Currywurstbude meist herum oder nahm gar nicht erst darauf Bezug. Einzig die FAZ.NET, die noch am Abend der Premiere frohlockte: „Die berühmteste Küchenszene der Weltdramatik findet im Berliner Ensemble in einer Imbißbude statt. Currywurst laut Preistafel ein Euro achtzig. Hier schält Peer Gynt seine große symbolische Zwiebel." Die Rezension lobte auch die „zeigefingerlose Lachstelle", an der Uwe Bohm nicht den tragisch gescheiterten Gynt gibt, sondern „in Gestus und Miene eines lausbübisch aggressiv charmanten Prolo-Dandys" im Angesicht des Todes nicht nach seiner letzten Chance schielt, sondern nach der „guten Butter, in der er seine Zwiebel, also sein Leben, anbraten und sich am guten Duft berauschen könnte". Und Roland war berauscht von den Brettern, die die Welt bedeuten, von der Premierenfeier am Berliner Ensemble und den Aufführungen in Brandenburg und Frankfurt/Oder, bei denen er dabei war. Das Stück wurde sogar auf internationalen Festivals gezeigt. So sehr Zadek aber Roland auch dort auf der Bühne stehen haben wollte: Das ging aus versicherungsrechtlichen Gründen einfach nicht; seine Rolle musste mit einem echten Schauspieler besetzt werden.

Zwei Tage nach der Premiere kam eine Stammkundin von Roland zur Kantstraße 7. „Ich habe Sie auf der Bühne gesehen! In Ihrem Wagen! Sie sind ja ein Schauspieler!" „Das bin ich von Hause aus", war seine Antwort. Abends in der Stammkneipe war die Reaktion nicht minder überrascht: „Wat? Unter Zadek spielst du?!"

Durch diesen Ruhm über jeden Zweifel erhaben, glaubten sie ihm dort zwei Jahre später auch die Story von seinem Foto für die BILD-Zeitung. „Man kann drauf wetten", sagt Roland, „dass jedes Jahr irgendwas mit der Tanne schief geht, wenn sie zum Weihnachtsmarkt an der Gedächtniskirche gefahren wird." So auch im Jahr 2008, da blieb sie nämlich direkt vor seiner Bude unter der S-Bahnbrücke stecken. Er zückte sein Handy, machte ein Foto und brachte es zur BILD. Die hat es veröffentlicht und ihm das für solche Fälle übliche Honorar von 50 Euro gezahlt. Für seine Kumpels in der

Stammkneipe hat er noch eine Null dran gehängt, und die haben keine Sekunde an dieser Story gezweifelt. So ist Roland einmal mehr mit der Currywurst berühmt geworden.

Wege zum Ruhm

Wie unausweichlich die Currywurst zum Stadtbild Berlins gehört, bezeugen so viele Spielfilme, dass die Aufzählung ihrer Titel Seiten füllen würde. Die Vorabendserie „Drei Damen vom Grill" mit Brigitte Mira, Brigitte Grothum, Gabriele Schramm, Günter Pfitzmann und Harald Juhnke in den Hauptrollen, war beim Fernsehpublikum über lange Jahre beliebt. Zwischen 1977 und 1991 strahlte der Sender SFB einhundertvierzig Folgen davon aus. Seit 2005 bringt der RBB in größeren Abständen sämtliche Episoden in DVD-Boxen heraus. Gemessen daran, wie gut die sich verkaufen, ist es schon fast originell, dass die Berliner Tatort-Kommissare Till Ritter und Felix Stark im Unterschied zu ihren Kölner Kollegen Max Ballauf und Freddy Schenk so gut wie nie vor einer Currywurstbude stehen, um gelöste Fälle zu feiern. So viel zum fiktionalen Genre.

Aber auch Dokumentationen beschäftigen sich mit dem Phänomen der Berliner Currywurst. Als die in den USA lebende koreanische Filmemacherin Grace Lee sich auf die Suche nach dem Wesen Berlins und seiner Bewohner machte, wurde sie vor allem an den Currywurstbuden fündig. Der Weg führte sie auch zu Curry 36, Bier's Kudamm 195 und zu Konnopke's. Ihr Dokumentarfilm „The best of the Wurst", der 2004 auf der Berlinale präsentiert wurde, handelt von der Currywurst als dem Imageträger der Berliner Imbiss-Kultur, dem Inbegriff von Heimat und Identität. Sogar das japanische Fernsehen produzierte eine Dokumentation über die Berliner Currywurst und drehte dafür unter anderem bei Krasselt's und Curry 36. Auch besungen wurde sie: Um Konnopke's und die lange Schlange davor dreht sich's in „Heiße Würstchen", dem Song, mit dem die Rockband Silly 1983 den Ruhm der Bude noch weiter vermehrte.

Die Buden feiern aber auch eigene Feste oder sind bei festlichen Anlässen dabei, die ihren Ruf weit über Berlin hinaus tragen. Seine eigenen Jubiläen hat Konnopke's zu DDR-Zeiten nie öffentlich gefeiert. Dafür aber das 750. Jubiläum Berlins im Jahr 1987, bei dem zugleich der aus diesem Anlass eröffnete Imbissgarten und der neue Anbau eingeweiht wurden. Seit 1990 aber, dem sechzigsten Geburtstag der Bude, werden im Abstand von fünf Jahren alle Jubiläen mit großem Andrang gefeiert.

Auch Krasselt's hatte ein rundes Fest zu feiern. Als die Bude im Sommer 2009 fünfzig Jahre alt wurde, gab es ein dichtes Gedränge um die Wurst auf dem Steglitzer Damm, akrobatische Kunststücke und einen ausführlichen Beitrag in der Abendschau des RBB. Mit großem Gedränge zu festlichen Anlässen hat der

Konnopke's Imbiß: 750 Jahre Berlin.

Imbiss aber auch außerhalb Berlins langjährige Erfahrungen. Ein Stammkunde von Harald Köhring betreut seit seinem Umzug in die Lüneburger Heide die Jugendhandballmannschaft des TUS Hermannsburg. Für diese Mannschaft ist Krasselt's als Sponsor aktiv. In der kalten Jahreszeit stecken Mannschaft und Trainer in einhundertzwanzig warmen Kapuzensweatern mit dem Logo der Currywurstbude auf dem Rücken. Beim jährlichen Sommerfest im Juni steht Köhrings Angestellte Gabi immer am Bräter auf dem Platz und verkauft Krasselt's Berliner Currywurst. Die Ausrüstung stellt Maximilian zur Verfügung. Die wird auch gebraucht, wenn die Mitarbeiter Danny und Kai auf Hochzeitsfesten von Stammkunden Currywürste braten, wie zum Beispiel letztes Jahr in München. Als es den Stammkunden Rolf A. von Berufs wegen für einige Jahre in die Botschaft von Jakarta verschlug, kaufte er im September 2000 alles, was er für das dortige Berliner Currywurst-Fest brauchte, bei Krasselt's und nahm es mit nach Übersee. Bei diesem Fest wurde auch der seit langem währende Streit unter den Angehörigen der Botschaft, ob nun die Currywürste von Krasselt's oder die von der

**2009: 50 Jahre
Krasselt's.**

Bude am Amtsgerichtsplatz die beste sei, zugunsten von Krasselt's entschieden. Den Brief des Kunden bewahrt Harald Köhring natürlich bis heute auf.

Wenn Siemens auf dem Messegelände am Funkturm präsent ist, dann sind es auch die Currywürste von Konnopke's, weil Siemens nur mit ihnen seine Gäste verführen will. Währenddessen ordern die Hersteller von Porsche, VW und BMW den Catering-Service von Bier's Kudamm 195, wenn sie in Berlin Messen abhalten.

Wenn Mario Barth mit seinen Kalauern das Berliner Olympiastadion füllt oder in Köln das Publikum von seinen Sitzen reißt, sorgt er dafür, dass sie sich im Anschluss mit Würsten von Curry 36 stärken können, die Denny von Curry 36 vor Ort brutzelt. Das macht er auch sehr gern auf After-Show-Partys der Ärzte, denn Bela B. und Rodrigo González sind seine Stammkunden.

Immer wieder kommen Anfragen von Fernsehsendern, die über das Budenleben und die Currywurst berichten wollen. Der Sen-

Verkauf auf der Siemens-Messe 2010.

der Pro 7 hat am 9. Juni 2010 eine Dokumentation über einen Imbiss im Emsland ausgestrahlt, der schon seit längerem nicht mehr
gut lief. Als Expertin, die dem Laden mit Erfahrung und Tipps wieder
aufhelfen sollte, castete das Filmteam Vera Stenschke von Curry
36. Vor Ort und vor laufender Kamera stand sie der Inhaberfamilie
mit Rat und Tat zur Seite. Bleibt auf den guten Ausgang des Experi-
ments zu hoffen, also darauf, dass sich Jon Flemming Olsens Sorge
wenigstens in diesem Fall nicht erfüllt. Am Ende seiner wunderbaren
„Reise ins Herz der Imbissbude" befürchtet er nämlich, „dass der
klassische Imbiss in diesem Lande langsam verschwinden wird",
weil Wirte und Wirtinnen, wie er sie an sechzehn Buden landauf und
landab kennengelernt hat, wohl nicht mehr nachwachsen.

   Die Teilnahme an einem anderen Experiment, das diese
Befürchtung nähren könnte, haben die Stenschkes jedenfalls verwei-
gert: Am Beispiel von Curry 36 wollte ein Fernsehteam beweisen,
dass der Verzehr von Currywürsten dick mache; die entsprechend
fülligen Komparsen sollten vom Sender gestellt werden.

Bier's auf der Trabrennbahn Hoppegarten, 2010.

Alles hat ein Ende. Oder nicht?

Wieso kann man denn schon von der Ecke Mehringdamm/Baruther Straße aus riechen, dass ein paar hundert Meter weiter Curry-würste gebraten werden? Merkwürdig. Und schon fällt's einem wie Schuppen von den Augen: Richtig, es fahren ja kaum noch Autos übern Damm. Aber auf den Bürgersteigen ist viel Volk unterwegs. Es ist die Nacht zum 1. Mai 2010, es ist Walpurgisnacht. Während die Radionachrichten schon seit zwei Tagen darüber berichten, wo genau im Kreuzberger SO 36 wieder Randale angesagt sind und ein paar ganz geschäftstüchtige Berliner Touristen anbieten, sie zu den entsprechenden Krawallorten zu führen, ist es vor Curry 36 einfach nur noch voller als sonst nachts gegen zwei. Grob geschätzt müssen es so etwa hundert Leute sein, die eine dicke Traube vor den beiden Ausgabefenstern und um die Tische herum bilden. Durchschnittsal-ter etwa zwanzig bis fünfundzwanzig. Alle ziemlich aufgekratzt. Aber Tine und Günter sind davon völlig unbeeindruckt. Jedenfalls sieht das Tempo, mit dem sie die Bestellungen abarbeiten, nicht nach Hektik, sondern nach Routine aus. Ines und Gregor füllen die Pfannen nach, die Friteusen, den Getränkekühlschrank, die Ketchupflaschen. Worüber die vier aber immer mal wieder lachen, kann man von draußen, bei diesem Stimmengewirr, nicht verstehen.

„Morjen!", schmettert Tine jedem ihrer Kunden entgegen, weil selten einer mehr sagt als das, was er haben will. Wie dieser jetzt: „Ne Curry mit Pommes." Zwei knappe Nachfragen, und schon ist er abgefertigt. Der Nächste kriegt das nicht schnell genug mit. Der letzte in der Schlange vor Günters Fenster wittert Morgenluft und schwenkt zu Tine rüber. „Wat denn, wat denn? Jehste wohl zurück in deine Schlange!" Der leicht angetrunkene, aber friedfertige ältere Herr fügt sich und dreht wieder ab. Er kann sich ja die Wartezeit mit Zuhören vertreiben, denn die zwei Frauen vor ihm diskutieren darüber, was die Bude wohl so abwerfen wird. „Der is doch längst Millionär! Trotzdem. Machen möcht ick diese Arbeit hier nich." „Besser so'n Job als jar keen." Dass hier Geld, und zwar ganz schön viel, verdient zu werden scheint, scheint mehrere Gäste zu be-

Günther und Tine.

schäftigen. Am Tisch vor Günters Fenster stehen vier junge Männer. Ihre T-Shirts verraten, dass sie bei einem Pizzadienst arbeiten. „Det muss die reinste Joldgrube sein, der Laden hier. Is aber voll ok. Total geil. Wenn die mal nich so viel zu tun ham in der Nacht, dann fang'n die gleich an, zu putzen. Friteusenkorb raus und ran mit'm Scheuerschwamm. Echt geil. Und icke? Ick kreple hier rum mit mei'm Pizzaservice", so eröffnet der, der offenbar der Chef der anderen ist, ein Gespräch über Arbeit, die sich lohnen sollte.

Am Nachbartisch beratschlagen fünf Teenager, ob man jetzt nicht doch lieber nach Hause gehen solle. „Was meinen Sie, Madame? Soll ich zulassen, dass mein Freund, den ich ein Jahr nicht gesehen habe, jetzt nach Hause geht?" „Auf keinen Fall", antwortet die Gefragte. Weiteres ergibt sich nicht, weil sich zwei Mädchen an den Tisch drängen. Sie halten sich an ihren Bierflaschen fest und scheinen das Ende der Schlange zu suchen. Der einen ist es zu voll, sie will gehen. „Hey, warte mal kurz", wird sie von der Freundin gestoppt, die sich im selben Atemzug den fünf Jungs zuwendet. Sie streckt den Rücken durch. „Na, auch hier?" „Ich bin Dario", antwortet der Erste und reicht ihr die Hand. Indem sie auch die der anderen vier drückt, zuckt sie knapp mit der Wimper rüber zu ihrer Freundin. Die stumme Botschaft ist klar: Du, hier geht noch was.

Hinter der Szene schiebt jemand sein Didgeridoo vor sich her und versucht, ihm Töne zu entlocken. Keine Chance gegen eine Kolonne von Polizeiautos, die in diesem Moment mit Blaulicht und Lalülala stadteinwärts brettert. Alles guckt. Bis auf einen Mann, der schwankend nach einem Stück Pommes greift, das einsam auf dem Essbrett vor Günters Fenster liegt. Dort steht gerade niemand sonst. Der Mann steckt sich das Stück Pommes in den Mund und fragt Günter kauend, ob er denn gut in den Mai getanzt sei. „Ick tanze ja immer noch. Reicht det nich?" Umständlich und mit schwerer

Zunge bestellt der Mann jetzt ein gemischtes Doppel. Zack, zack, schon steht die Pappe mit je einer Curry mit und ohne Darm plus Pommes vor ihm. „Komm, kriegst noch was raus, damit de morjen nich betteln jehn musst." Günter reicht ihm das Wechselgeld rüber und steckt den Kopf aus dem Fenster: „Für Jeld tu ick wat. Ick bin käuflich." Und schon teilt sich die Schlange vor Tines Fenster. „Kannste mir ne Portion Pommes mitbringen?", fragt einer, der nicht schnell genug war, den Mann, der den zweiten Platz bei Günter ergattert hat, und reicht dem ein paar Münzen rüber. „Stimmt so." Ohne zu gucken, ob das wirklich stimmt, nickt der Gefragte und nimmt das Geld.

　　　　　Seit einiger Zeit schon schlingert ein lang aufgeschossener Bursche zwischen den Tischen herum. Er scheint Gesellschaft zu suchen. Und siehe da, er findet eine. Die Gruppe setzt sich im Kreis auf den Bürgersteig. Die Pappschalen mit Pommes und Curry gehen von Hand zu Hand; zwischendrin Schlucke aus den rumgereichten Bierflaschen. Als sie dann den Ort verlassen, hinterlassen sie eine ziemliche Schweinerei. Die fällt aber keinem weiter auf, weil gerade in diesem Augenblick die Kolonne aus Polizeiautos wieder zurückkommt. Diesmal nur mit Blaulicht, ohne Lalülala. „Kiek dir dit an! Lauter leere Wannen. Na dit war wohl heute nüscht", ruft einer laut, und alle lachen. Auch die drei Damen mittleren Alters, die gerade ihre Currywürste verzehrt haben. „So Mädels, genug geguckt jetzt. Meine Curry war schön scharf, jetzt bin ich textsicher. Auf zum Karaoke!" Die drei machen sich auf den Weg. Die paar Meter bis zu Kitty's Karaoke Bar werden sie wahrscheinlich sogar auf ihren Highheels locker schaffen. Aber wer kommt denn da jetzt von links mit ein paar Leuten im Schlepptau um die Ecke? Ist das nicht Horst Evers? Was macht der denn jetzt hier? Das Mehringhoftheater hat doch längst geschlossen. Das BKA auch. Lass mal hören, Horst:

Das Geheimnis des Tanztheaters

Freitagnacht, 2 Uhr 30. Wir waren im Tanztheater gewesen. War super gewesen. Jutta, Jana, Lydia, Thomas und ich waren uns einig. Man geht ja viel zu selten ins Tanztheater, dabei ist das so schön. (Wir bedankten uns alle bei Jana, deren Idee das gewesen war.) Und weil es ohne Pause war, war es auch schon um zwanzig nach neun vorbei gewesen. Das ist schon auch toll, weil dann ist ja hinterher der Abend noch jung und man kann noch ohne schlechtes Gewissen oder Bedenken irgendwo zusammen hin, also auf ein schnelles gemeinsames Bier, um die Eindrücke des Tanztheaters nochmal gemeinsam zu besprechen, die Empfindungen zu vergleichen oder auch nur nachzufragen, worum das jetzt irgendwie so ganz genau ging, also wenn man das denn überhaupt so sagen kann.

Leider macht Tanztheater aber auch immer total durstig. Wer schon mal da war, kennt das. Beim Tanzen zuschauen ist körperlich fast so anstrengend wie selber tanzen. Also zumindest wenn man nur selten selber tanzt. Deshalb hatten Jutta, Jana, Lydia, Thomas und ich das eine, schnelle, gemeinsame Bier auch bereits ausgetrunken, noch bevor wir unsere Empfindungen auch nur annähernd hatten vergleichen dürfen. Während des zweiten Bieres dann stellten wir fest, dass sich aber auch die Kneipe sowieso gar nicht so richtig eignete, um dort über Tanztheater zu sprechen. Gibt ja so Orte, an denen kommt so ein Gespräch über Tanztheater einfach nicht richtig in Gang. Warum auch immer. Ist wohl einfach so. Also tranken wir aus und suchten einen Ort, der sich besser eignen würde. Leider waren auch die Lokale 2 bis 4 irgendwie gar nicht geeignet, wie wir Gott sei Dank schon immer nach dem jeweils ersten Bier feststellen konnten. Mittlerweile war es nach Mitternacht, und wir waren schon ein wenig in Sorge. Dann jedoch, auf dem Weg zur fünften Kneipe, fiel uns endlich unser furchtbarer, grundsätzlicher Fehler auf. Natürlich hatte sich noch kein richtiges Gespräch über das Tanztheater entwickeln können. Wir waren ja auch immer nur in Kneipen gegangen. Also

wie doof kann man denn sein? Wenn man vernünftig über Tanztheater reden will, muss man natürlich in eine Cocktailbar gehen.
Also manchmal ist man aber auch wie vernagelt. Gott sei Dank
hatten wir unseren Fehler gerade noch rechtzeitig bemerkt.

Kurz darauf saßen wir in der Cocktailbar. Jetzt galt es
nur noch herauszufinden, welcher Cocktail denn der richtige wäre,
um über Tanztheater zu sprechen.

Um es vorweg zu nehmen:

Wir haben den wirklich richtigen Cocktail für Tanztheater
leider nicht gefunden, dafür aber bei einer ganzen Reihe anderer
Cocktails feststellen dürfen, für welches Gesprächsthema sie sich
offensichtlich hervorragend eignen.

Mai Tai ist perfekt, um übers Wetter zu reden, Brain
Massacre passt gut zu Hertha BSC, für Westerwelle eignet sich
ein Zombie, Coconut Kiss – der Zustand der Toiletten, bei Caipirin-
ha wurde festgestellt, der Typ hinter der Bar ist süß, aber so süß,
meine Fresse wie süß, bei Emergency Rum, aber charakterlich
wahrscheinlich ein Arsch, zu Bahama Mama: Würde ich heute ein
Kind bekommen, würde ich es Eyjafjallajökull nennen.

Pina Collada: Hieß der Vulkan nicht Eyfjallaalalulululküll?
Caipiroschka, der Typ hinter der Bar ist schwul, muss doch, der
reagiert ja überhaupt nicht, der kann ja nur schwul sein ... Tequila
Sunrise, nein er ist es nicht, sondern einfach nur ein Arsch, B-52 –
das Tolle an guten Cocktails ist ja, dass man von ihnen praktisch
gar nicht betrunken wird. Das Tolle Sudden Dealt – wären wir vor
einer halben Stunde gegangen, hätten wir sagen können, wir sind
zum richtigen Zeitpunkt gegangen ...

Dann standen wir also wieder auf der Straße und hatten
immer noch nicht über das Tanztheater gesprochen.

Also passierte, was immer passiert, wenn man Freitag-
nachts, 2 Uhr 30, angetrunken auf der Straße steht. Hunger. Jutta, Jana, Lydia und Thomas beschließen, dass es reicht, wenn einer
an der Currywurstbude ansteht.

Und ich darf raten, wer. Sehr lustig.

Frage: Warum ich?

Sie sagen: Das sei eine berechtigte Frage, ich solle doch darüber nachdenken, während ich anstehe. Sie lachen.

Ich sage: Ich kann mir so viele Bestellungen nicht merken. Schon sonst nicht, aber jetzt langsam werde mir auch gerade klar, wie dieser Cocktail „Brain Massacre" eigentlich zu seinem Namen gekommen ist.

Sie sagen: Is ganz einfach Horst. Wir nehmen alle Currywurst, Pommes Rot/Weiß.

Na gut, das kann ich ja mal versuchen. Stelle außerdem zu meiner großen Verblüffung fest, dass ich sowieso schon anstehe. Vier Leute sind vor mir. Die Freunde stellen sich drei Meter weiter an einen Stehtisch. Was dann geschieht, gebe ich jetzt einfach mal so wieder, also zumindest, soweit ich mich erinnere, ohne etwas wegzulassen oder hinzuzufügen. Eben so, wie es ein treues Hirn nach dem Fluten durch mehrere Cocktails eben noch kann: Jutta ruft rüber, sie hat die Mayonnaise gesehen, sie will jetzt doch keine Mayonnaise, Thomas will seine Curry ohne Darm, Lydia mit Darm, aber ohne Curry, Jana doch lieber Boulette, Thomas die Pommes ohne Salz, Jutta will jetzt doch Remoulade, Lydia statt Wurst lieber Fleischspieß, Thomas statt Pommes Kartoffelsalat, Jana will doch nur nen Kaffee, Lydia doch lieber nur Pommes, Thomas statt Kartoffelsalat Nudelsalat, Jutta keine Wurst, lieber Schnitzel, Thomas sagt, ich soll fragen, ob der Nudelsalat mit Majo, wenn mit Majo, dann doch lieber Kartoffelsalat, wenn Kartoffelsalat auch mit Majo, dann egal oder doch nicht, dann statt Salat lieber noch eine zweite Wurst, Jana statt Kaffee lieber Kakao, Lydia doch zur Pommes Bouletten, Jutta sagt, ich soll fragen, ob es Suppe gibt, alle rufen, wenn es Suppe gibt, dann wollen sie: keine!, Jana ruft, einfach Brot dazu, Thomas die zweite Wurst mit Darm, Jana Zwiebeln, viele Zwiebeln, aber ohne scharf, Lydia nur Brot, Jutta das Brot extra scharf, Thomas will jetzt doch den Darm ohne Wurst ...

Dann wird mein Hirn ohnmächtig. Eine der wunderbarsten Eigenschaften meines Hirnes ist, dass es ohnmächtig werden kann, ohne dem Restkörper davon etwas zu verraten. Der läuft dann irgendwie mit Autopilot unauffällig weiter, während das Hirn einfach für ein paar Minuten den Laden zusperrt und einmal gründlich durchfegt. Habe mir diese Technik der kontrollierten Gehirnohnmacht schon in der Schule angewöhnt. Speziell, wenn die Lehrer einen „Ich glaube, ihr hört mir gar nicht richtig zu"-Vortrag begonnen haben, dann ist mein Hirn gerne ohnmächtig geworden.

Als ich wieder zu mir komme, höre ich nur vom drei Meter entfernten Stehtisch Stimmen wie aus einem tiefen Nebel heraus:

„Miit Daaaarrrm, ohne Majooo, Bouleeeetten, extraaa Zwiebeln, extraaa schaaarf."

Dann bin ich plötzlich dran. Der Imbissmann lächelt mich an. Ich schaue zurück und versuche verzweifelt nicht zu weinen. Merke dann doch, wie eine Träne aus dem Auge dräut.

Der Imbissmann sagt: „So, das sind dann bei ihnen zwei Curry mit Darm, eine ohne, mit extra Zwiebeln, extra scharf, eine Pommes rot-weiß, zwei nur rot, drei Bouletten, ein Fleischspieß und zwei Kaffee mit viermal Brötchen."

Ich starre ihn wortlos an.

Er sagt, er habe die Bestellungen meiner Freunde ja die ganze Zeit verfolgt und sich das Ganze halt eben gemerkt.

Jetzt heul ich richtig. Mein Held.

Er fragt, ob ich denn auch etwas möchte. Unter Tränen sage ich: Nein, nur ein Autogramm.

Er piekt in eine Curry mit Darm und spritzt mit dem Fett aus der Wurst seinen Namen auf eine Serviette. Geschickt ist er auch noch.

Zwanzig Minuten später warte ich an der Bushaltestelle auf den Bus nach Hause. Ein abgerissener Mann sitzt auf dem Bänkchen und starrt mit gläsernen Augen vor sich hin. Setze mich neben ihn und schaffe es direkt, genauso gläsern wie er zu starren. Er sagt:

„– Und? Auch im Tanztheater gewesen?"

Tine, Günter, Ines und Gregor waren nicht im Tanztheater. Sie haben selbst getanzt, hinterm Tresen von Curry 36. In dieser Walpurgisnacht war mehr los als sonst, in normalen Nächten, in denen sie aber auch kaum zur Ruhe kommen. Wie immer haben sich die Letzten mit letzter Kraft an einem der Tische festgehalten, die Gregor zum letzten Mal abwischen wollte. Und wie immer hat er jetzt nicht mehr „Danke, weiter essen" gesagt, sondern „Schluss für heute." Tine, Günter und Ines scheuern drinnen die Pfannen. Es ist sechs Uhr morgens. Die Jalousien vor Curry 36 in Kreuzberg gehen runter, um in diesem Moment bei Konnopke's im Prenzlauer Berg wieder hochzugehen.

Berlin? Ist die Stadt, die nie schläft.

Zwischen Nacht und Tag.

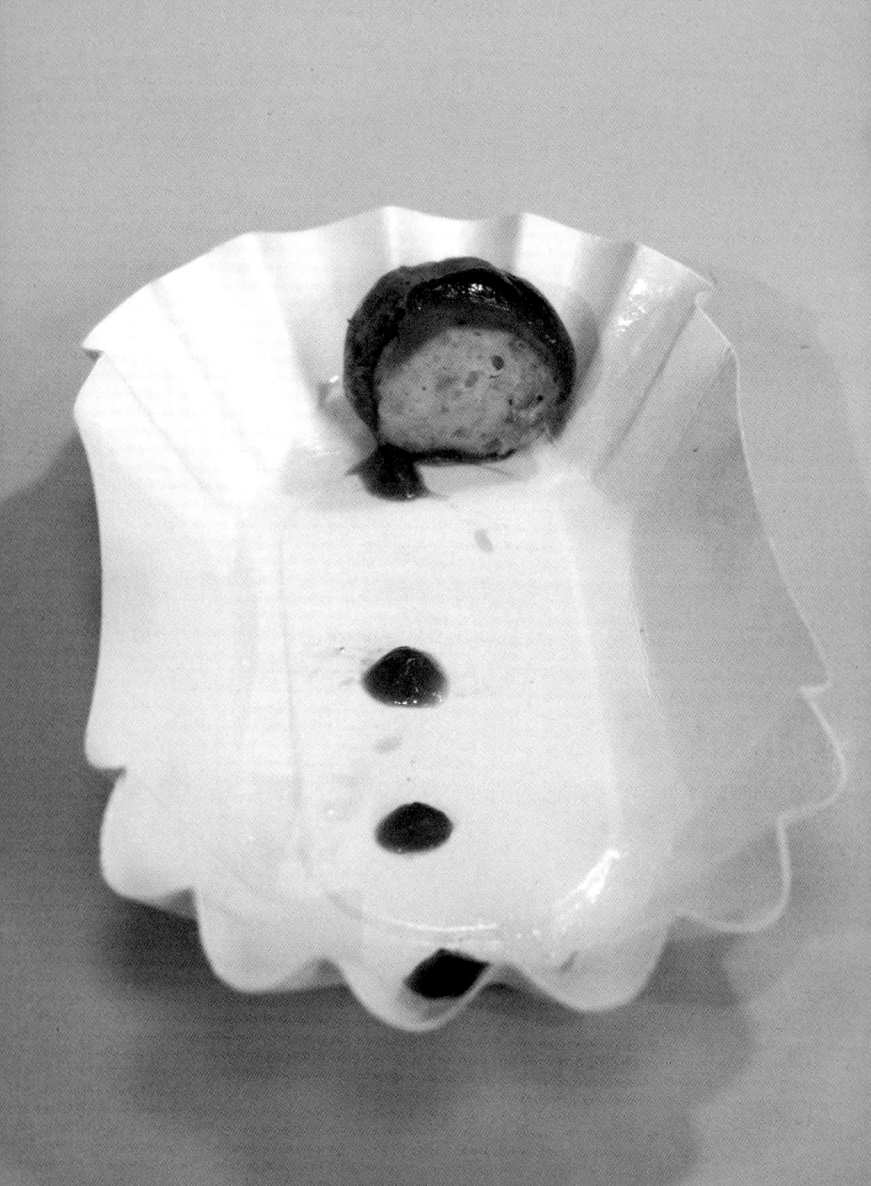

Ausgewählte Currywurstbuden in Berlin

Bier's Kudamm 195 in Charlottenburg
Kurfürstendamm 195
10707 Berlin

und

Bier's im S-Bahnhof Friedrichstraße in Mitte
Friedrichstraße 138
10117 Berlin

und

Bier's in Charlottenburg
Kantstraße 7
10623 Berlin
Öffnungszeiten: So–Do 11–5 Uhr, Fr–Sa 11–6 Uhr
Die Currywürste mit und ohne Darm und dem hauseigenen Ketchup
kann, wer es etwas schärfer mag, mit der extra scharfen, einem
Dipp ähnlichen Soße ergänzen. Gebraten wird in Schweineschmalz.
Bei Bier's am Kudamm 195 wurde in den sechziger Jahren die
Kombination aus Currywurst und Champagner erfunden. Ein Bei-
spiel, das Schule machte.

Curry 36 in Kreuzberg
Mehringdamm 36
10961 Berlin
Öffnungszeiten: tägl. 9–6 Uhr
www.curry36.de
Man hat die Wahl zwischen Currywurst mit und ohne Darm, gebraten wird in Erdnussöl; nur hier bekommt man die darmlose Wurst
ebenso wie die Buletten auch gekocht und kann beim Wurstverzehr
testen, wie viel Schärfe man aushält – das alles seit 1980, nachmit-
tags oft mit Musik.

Curry Fritze in Friedrichshain (Nähe Eastside-Gallery)
Warschauer Straße 47
10243 Berlin
Öffnungszeiten: So–Mi 12–1 Uhr, Do–Sa 12–6 Uhr
www.curryfritze.com
Zur Currywurst mit und ohne Darm mit selbstverständlich hausge-
machter Soße gibt es hier an jedem zweiten Wochenende einen DJ
auf dem Dach der Bude und ein Videospiel „Zock um die Wurst“. Seit
Juni 2010 können sich die Besucher umliegender Clubs hier stärken und auf einer Tafel für Backpacker sehen, wer Infos hinterlassen
hat.

Currywurst Berlin&Friends in Wilmersdorf
Bundesallee 200
10717 Berlin
Öffnungszeiten: Mo–Sa 10–5 Uhr, So 10–24 Uhr
www.currywurst-berlin.de
Currywürste mit und ohne Darm werden in Öl gebraten. Für den
Ketchup verwendet man Tomatenmark und -ketchup. Der Imbiss
existiert seit 1970, das wissen nicht nur jene, die seit Jahr und Tag
an der Tankstelle daneben ihre Autos füttern. Wim Wenders hat
hier für seinen „Himmel über Berlin“ gedreht.

Currywurst vom Zander in Mitte
Do 9–18 Uhr auf dem Wochenmarkt am Hackeschen Markt

Currywurst vom Zander im Prenzlauer Berg
Sa 9–16 Uhr auf dem Wochenmarkt am Kollwitzplatz
www.zander-restaurant.de/aktuelles/currywurstvomzander/
Betreiber sind die Inhaber des Restaurants Zander in der Kollwitzstraße. Neben der BIO-Currywurst ohne Darm gibt es die Curry-
wurst-Inszenierung: eine Currywurst mit Blattgold und ungeschnitten.

Dom Curry auf dem Gendarmenmarkt in Mitte
Mohrenstraße 30
10117 Berlin
Öffnungszeiten: tägl. 11–21 Uhr im Sommer,
11–18 Uhr im Winter
Hier kann man sich seit 2009 seine BIO-„Lieblingscurrywurst" selbst
kreieren, indem man eine in Sonnenblumenöl gebratene darmlose
Currywurst oder eine Straußenbratwurst, eine Bio-Büffelbratwurst,
eine Saalower Kräuterbratwurst oder eine fettarme Fischbratwurst
mit Currysoße oder verschiedenen Senfsoßen kombiniert. Für Studenten und Taxifahrer gibt's Rabatt und bei Events diverse Specials.
Der Imbiss gehört zum Hilton Hotel. Man isst von Porzellanschalen.

Eckert's Curry in Charlottenburg
Wilmersdorferstraße 147
10585 Berlin
Öffnungszeiten: Mo–Sa 9–24 Uhr, So geschlossen
Der Inhaber hat den Fleischer ausfindig gemacht, der die einst
legendäre Currywurstbude vom Amtsgerichtsplatz belieferte, bis
sie 2003 schließen musste, und bezieht seine spezielle Wurst von
ihm. Die darmlose Wurst enthält Anteile von Rindfleisch und wird
in Pflanzenfett gebraten. Ein guter Trost für jene, die der Bude vom
Amtsgerichtsplatz bis heute nachtrauern.

essen & trinken in Schöneberg
Wittenbergplatz
10789 Berlin
Öffnungszeiten: tägl. 11–2 Uhr (gern auch länger)
Auch hier gibt es Currywürste mit und ohne Darm, die in Pflanzenöl gebraten werden. Die Schärfe des Ketchups kann durch Zugabe von Chilikörnern gesteigert werden. Geschnitten wird die Wurst mit einer Maschine. Wer mag, kann probieren, wie Soßen aus verschiedenen Senfsorten oder die Mayonnaise mit Limonenaroma dazu schmecken. Mit ihren Regenbogenfarben gibt sich die Bude als eine von Schwulen bevorzugte zu erkennen.

Hasenecke in Charlottenburg
Savignyplatz 11
10623 Berlin
Öffnungszeiten: tägl. 11–20 Uhr
An diesem denkmalgeschützten Imbiss, der im Krieg zerstört und 1987 zur 750-Jahrfeier Berlins nach Originalplänen wieder aufgebaut wurde, bekommt man seit 2006 Currywurst mit und ohne Darm; gebraten wird in Erdnussöl.

Hotel Adlon Restaurant Quarré
Unter den Linden 77
10117 Berlin
Öffnungszeiten: tägl. 6.30–23 Uhr
Die teuerste Currywurst Berlins wird wohl hier serviert – natürlich nicht an einer Bude, sondern im Restaurant und von Porzellanschälchen. Sie wird ausschließlich als darmlose und in Erdnussöl frittierte Wurst angeboten. Das ganz Besondere dieser Currywurst ist die Soße aus frischen Tomaten, deren Rezept – natürlich – streng geheim ist.

Imbiss Fleischermeister M. Hahnfeldt in Friedrichshain
am S-Bahnhof Warschauer Straße
10243 Berlin
Öffnungszeiten: tägl., außer So 10–20 Uhr
Hier wird schon seit 1975 Currywurst ohne Darm verkauft. Die
TV-Dokumentation „24 h Berlin" hat am Beispiel dieser Bude von der
Berliner Currywurst berichtet.

Imbiss Klaus Gerlach in Mitte
Do 9–18 Uhr auf dem Wochenmarkt am Hackeschen Markt
Imbiss Klaus Gerlach im Prenzlauer Berg
Sa 9–16 Uhr auf dem Wochenmarkt am Kollwitzplatz
Die darmlose Currywurst wird in der eigenen Fleischerei hergestellt;
das Schweinefleisch dafür wird von Neuland geliefert. Spezialität sind
drei unterschiedlich scharfe Soßen aus eigener Herstellung.

Imbiss Oval Office Snack
Unter den Linden 71Y/Mittelpromenade
10117 Berlin
Öffnungszeiten: tägl. 10–22 Uhr
Mitten auf der Straße Unter den Linden werden hier seit 2000
Currywürste mit und ohne Darm in Erdnussöl gebraten und dienen
zur Stärkung während des Schlenderns auf dem vielbesuchten Bou-
levard.

Frittiersalon in Friedrichshain
Boxhagener Straße 104
10245 Berlin
Öffnungszeiten: Mo–Do 12–24 Uhr (im Winter ab 17 Uhr),
Sa–So 13–24 Uhr
www.frittiersalon.de
Außer Currywürsten mit und ohne Darm gibt es hier auch Curry-
würste aus Saitan für Vegetarier und Veganer. Alle Produkte sind
BIO-Produkte bzw. von Neuland. Die Currysoße wird aus frischen
Tomaten vor Ort hergestellt. Außer den klassischen Pommes gibt es
noch Kartoffelecken und Chips. Frittiert wird hier seit 2003.

Konnopke's Imbiß im Prenzlauer Berg
Schönhauser Allee 44 a
(unter der Hochbahn)
10435 Berlin
Öffnungszeiten: Mo–Fr. 6–20 Uhr, Sa 12–19 Uhr
www.konnopke-imbiss.de
Die darmlose Currywurst wird in Schweineschmalz gebraten und
mit Ketchup in fünf Schärfegraden angeboten. Gegründet 1930
ist Konnpke's der älteste Imbiss Berlins. Wegen der Bauarbeiten
am Viadukt und der Kreuzung wird die berühmte Wurst seit dem
2. August 2010 aus einem Ersatzkiosk auf der gegenüberliegenden
Mittelinsel verkauft. Der neue Kiosk wird an gewohnter Stelle vor-
aussichtlich Ende 2010 eröffnet. Bis dahin befindet sich der Kiosk
auf der Mittelinsel gegenüber und ist geöffnet Mo–Fr 10–20 Uhr,
Sa 12–19 Uhr.

Krasselt's in Steglitz
Steglitzer Damm 22
12169 Berlin
Öffnungszeiten: So–Mi 11–24 Uhr, Do–Sa 9.30–1 Uhr
Der Ketchup zur darmlosen Currywurst von Maximilian wird aus
Tomatenmark hergestellt und kann auf Wunsch unter Zugabe spe-
zieller Extras, etwa der Mad Dog-Soße mit vier Millionen Scoville,
auf beliebige Extreme geschärft werden. Die Wurst ist halbiert und
steckt auf Holzspießchen. Gebraten wird in Erdnussöl. Den Imbiss
gibt es seit 1981.

Krasselt's Curry & Scampi in Grunewald am Roseneck
Teplitzer Straße 38
14193 Berlin
Öffnungszeiten: Mo–Fr 11–24 Uhr, Sa 11–23 Uhr,
So 12–23 Uhr
www.krasselts-curry-scampi.de
Klein und fein: Das Programm steckt bereits im Namen, Wurst und
Ketchup werden auf Lizenz von Krasselt's in Steglitz geliefert. Beson-
ders beliebte Beigabe zur Currywurst sind hier die Kartoffelecken.
Der noble Imbiss wurde 2006 eröffnet.

Maximilian in Wilmersdorf
Blissestraße 17
10713 Berlin
Öffnungszeiten: Mo–Fr 10–22.30 Uhr, Sa 10–22 Uhr,
So 12–22 Uhr
Die Currywürste mit und ohne Darm kommen von Maximilian; die
ohne Darm sind eine von Stammkunden geliebte Spezialität im For-
mat eines Wiener Würstchens. Auch die drei Soßen werden von der
Fleischerei geliefert. Ein milder Ketchup, die Cillmax und eine scharfe
„Da-Bomb". Alle Soßen werden aber vor Ort noch extra aufgeschla-
gen und erhalten dabei ihre besondere Konsistenz.

Theodor Tucher in Mitte
Pariser Platz 6 a
10117 Berlin
Öffnungszeiten: So–Do 7–23 Uhr, Fr–Sa 7–23.30 Uhr
www.theodortucher.de
Die Spezialität in diesem Nobelrestaurant ist die „Literarische Currywurst", die es seit seiner Eröffnung 1999 gibt. Sie wird präsentiert
auf einem Teller mit Cloche. Wer die Coche abhebt, erlebt eine
Reihe von Überraschungen, ehe er die auf einem Lava-Stein gegrillte

Currywurst essen kann. Ist die Wurst verzehrt, wird auch offenbar, weshalb sie eine literarische ist. Direkt gegenüber vom Restaurant, auf der Mittelpromenade Unter den Linden 77Y dicht vorm Brandenburger Tor finden Spaziergänger das „Tucher im Pavillion", wo die gleiche Wurst auf einem Elektrogrill gegart wird. Geöffnet ist hier täglich von 10 bis 22 Uhr (oder länger).

Witty's in Schöneberg
Wittenbergplatz 1
10789 Berlin
Öffnungszeiten: tägl. 11 – 20.30 Uhr (meist aber länger)
Currywürste mit und ohne Darm werden in Pflanzenfett zubereitet; in der Friteuse vorgegart, dann auf dem Bräter warm gehalten, um den finalen Kick bei 165° C in der Friteuse zu erhalten. Hier ist alles BIO-Ware, bis auf drei der Soßen. Den Imbiss gibt es seit 1984, ebenso wie den ganz in der Nähe am Wittenbergplatz / Ecke Bayreuther Straße gelegenen und dazugehörigen Imbiss Fritz&Co. Auch hier gibt es Currywürste mit und ohne Darm, allerdings kommen letztere im Unterschied zu Witty's von Neuland.

Literatur

Alexandra Bald, Ana Lessing, Esra Rotthoff (Hg.), Berlin Haushoch Magazin N°3: Charlottenburg, Berlin 2009

Dorothea Čerpnjak, Kleine Kulturgeschichte der Bratwurst, Leipzig 2005

Daniela Dahn, Prenzlauer Berg-Tour, Halle, Leipzig 1987

Corinna Engel, Helmut Gold, Rosemarie Wesp, Kochen – Essen – Reden, Heidelberg 2009

Helga Frisch, Abenteuer „Kurfürstendamm". Damals und heute, Berlin 2007

Annette Godefroid, Geschichte der Berliner Verwaltungsbezirke, Bd. 7: Steglitz, Berlin 1989

Petra Grubitsch, Geschichte der Berliner Verwaltungsbezirke, Bd. 21: Prenzlauer Berg, Berlin 1995

Reginald Hanicke, Die Geschichte des Berliner Fleischerhandwerks, Berlin 2000

Jakob Hein, Gebrauchsanweisung für Berlin, München 2010

Heinrich Kaak, Geschichte der Berliner Verwaltungsbezirke, Bd. 2: Kreuzberg, Berlin 1988

Birgit Knop, Martin Schmitz, Currywurst mit Fritten. Von der Kultur der Imbissbude, Zürich 1983

Stefan Krautschick (Hg.), Mythos Kreuzberg. Reflexionen einer Wirklichkeit, herausgegeben im Auftrag des Bezirksamts Kreuzberg von Berlin, Berlin-Kreuzberg 1991

Kreuzberg. GesternHeuteÜbermorgen. 15 ausgewählte Essays des Essaywettbewerbs für Journalisten, herausgegeben vom Bezirksamt Kreuzberg, Berlin 1993

Irina Liebmann, Berliner Mietshaus, Berlin 2004

Karl-Heinz Metzger, Ulrich Dunker: Der Kurfürstendamm: Leben und Mythos des Boulevards in 100 Jahren deutscher Geschichte, herausgegeben vom Bezirksamt Wilmersdorf von Berlin aus Anlaß der 750-Jahr-Feier der Stadt Berlin 1987, Berlin 1986

Elisabeth Naumann, Kiosk. Entdeckungen an einem alltäglichen Ort. Vom Lustpavillon zum kleinen Konsumtempel, Berlin 2003

Jon Flemming Olsen, Der Frittenhumboldt. Meine Reise ins Herz der Imbissbude, München 2010

Wolfgang Protzner (Hg.), Vom Hungerwinter zum kulinarischen Schlaraffenland, Wiesbaden 1987

Marc Reisner, Currywurst. Alles, was man wissen muss, Norderstedt 2009

Wolfgang Ribbe, Geschichte der Berliner Verwaltungsbezirke, Bd. 1: Charlottenburg, Berlin 1988

Gerd Rüdiger, Currywurst. Ein anderer Führer durch Berlin, Berlin 1995

Olaf Seeger, Burkhard Zimmermann, Steglitzer Geschichte(n), Berlin 1995

Werner Siegert, Der kleine, aber absolut unentbehrliche Weißwurst Knigge, München 2003

Werner Siegert, Der kleine, aber absolut unentbehrliche Currywurst Knigge, München 2005

Christian Simon, Steglitz im Wandel der Geschichte. Vom größten Dorf Preußens, Berlin 1997

Ulrich Tolksdorf, Der Schnellimbiss und The World of Donald McDonald's, in: Kieler Blätter zur Volkskunde, Bd. XIII, Kiel 1981, S. 117–162

Jon von Wetzlar, Christoph Buckstegen, Urbane Anarchisten. Die Kultur der Imbissbude, Berlin 2003

Quellen

Archivmaterial der Berliner Fleischer-Innung zur Currywurst, zur Berliner Currywurst und zu Geschützten Herkunftsangaben (3 Ordner)

Horst Evers „Das Geheimnis des Tanztheaters" (S. 205–208) Vorabdruck mit freundlicher Genehmigung des Rowohlt.Berlin Verlags, Berlin
entnommen aus: Horst Evers „Für Eile fehlt mir die Zeit"
Copyright (c) 2011 by Rowohlt.Berlin Verlag GmbH, Berlin.
160 Seiten, € 14,95

Abbildungsnachweis

Architekturbüro Schmidtmann und Gölling: 151

Leo Pompinon: 14, 21, 24, 26, 30, 31, 34, 35, 37, 60, 61, 65, 66, 69, 73, 76, 78, 79, 89, 90, 103, 109, 110, 113, 116, 117, 126, 132, 138, 143, 149, 152, 157, 162, 166/167, 172, 177, 179, 184, 187, 188, 189, 198, 199, 202

Matthias Zimmermann: 12, 28, 74, 106, 140, 182, 200, 210

Privatbesitz Denny Rheinhardt: 129, 175

Privatbesitz Elvira und Hermann Lemke: 42, 44, 54, 59

Privatbesitz Familie Ziervogel: 17, 123, 127, 135, 165, 171, 173, 196

Privatbesitz Gabriele Schmidt: 101, 197

Privatbesitz Klaus-Peter und Gregor Bier: 83

Privatbesitz Peggy Stelter: 111, 209

Privatbesitz Renate Konnopke: 36

Privatbesitz Vera und Lutz Stenschke: 91, 96, 114

ullstein bild: 22, 39, 47, 88, 92, 97, 142, 153, 155, 193

Über die Autorin

© Karoline Czech

Petra Boden ist promovierte Literaturwissenschaftlerin und spezialisiert auf deutsche Kulturgeschichte des 19. und 20. Jahrhunderts. In zahlreichen Veröffentlichungen setzt sie sich mit der Geschichte von Institutionen der Wissenschaft und der Wirtschaft auseinander, die im jeweiligen Kontext von Politik, Kultur und Zeitgeschichte verankert werden. Bei ihren Untersuchungen greift sie häufig auf Archivunterlagen und Interviews mit Zeitzeugen zurück, z. B. in: „Modernisierung ohne Moderne. Das Zentralinstitut für Literaturgeschichte an der Akademie der Wissenschaften der DDR 1969–1991" (gemeinsam mit Dorothea Böck, 2004) oder „Ansichtssachen. Geschichte und Geschichten um Kunst und Bild" (im Druck).

Sie lebt als freie Firmenbiografin und Autorin in Berlin.

Eine launige Aufklärungsschrift

Der Berliner weiß nicht nur alles, er weiß auch alles besser. Das Nachschlagewerk für Besserwisser ist eine Fundgrube für Berliner und den Rest der Welt.

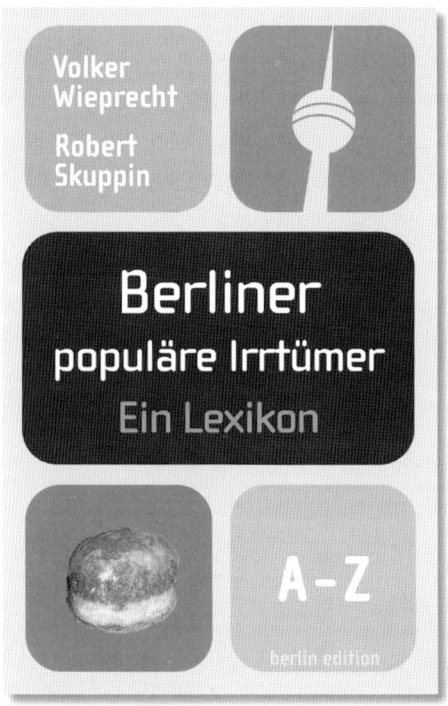

Volker Wieprecht und Robert Skuppin
Berliner populäre Irrtümer Ein Lexikon
978-3-8148-0139-1, 22,00 €

Auch als Hörbuch erhältlich: 978-3-8148-0142-1, 14,90 €

Currywurst ist Kult!

Bankier, Arbeiter oder Student, alle treffen sich, wo es die
beste Currywurst in Berlin gibt. Ob nachts, als zweites oder
erstes Frühstück oder einfach nur mal zwischendurch – die Currywurst, mal mit und mal ohne Darm, ist in Berlin allgegenwärtig.

Doch was macht die Wurst aus, was treibt ihre Köche an, welches
Geheimnis verbirgt sich hinter der vielgerühmten Soße und welche
Funktion erfüllen die Buden?

Petra Boden hat sich in das turbulente Leben vor und hinter der
Imbisstheke gemischt und erzählt Geschichten rund um die Leib-
speise der Hauptstädter.

ISBN 978-3-8148-0180-3

14,00 € [D]

www.bebraverlag.de